翻译学论丛

同声传译研究概论

Introduction to Simultaneous Interpreting Studies

刘建珠 著

本书由深圳职业技术学院学术著作出版基金和广东省高等学校“千百十”人才工程资助出版。

苏州大学出版社

图书在版编目(CIP)数据

同声传译研究概论/刘建珠著. —苏州:苏州大学出版社,2013.7
(翻译学论丛)
ISBN 978-7-5672-0572-7

Ⅰ.①同… Ⅱ.①刘… Ⅲ.①英语-口译-研究
Ⅳ.①H315.9

中国版本图书馆CIP数据核字(2013)第166611号

书　　名:同声传译研究概论
Introduction to Simultaneous Interpreting Studies

作　　者:刘建珠 著
责任编辑:汤定军
策　　划:汤定军
装帧设计:刘 俊

出版发行:苏州大学出版社(Soochow University Press)
社　　址:苏州市十梓街1号 **邮编**:215006
印　　刷:扬中市印刷有限公司印装
网　　址:www.sudapress.com
E - mail:tangdingjun@suda.edu.cn
邮购热线:0512-67480030
销售热线:0512-65225020

开　　本:700mm×1000mm 1/16 **印张**:10 **字数**:179千
版　　次:2013年7月第1版
印　　次:2013年7月第1次印刷
书　　号:ISBN 978-7-5672-0572-7
定　　价:35.00元

凡购本社图书发现印装错误,请与本社联系调换。服务热线:0512-65225020

前 言

自从2002年9月考入厦门大学外文学院那天起，我便与口译实践、口译教学以及口译研究结下了不解之缘。2005年7月，在陈菁教授的指导下，我顺利完成了硕士学位论文《英汉同声传译中高密度信息的模糊处理》的写作与答辩。从厦门大学毕业后，本人来到了深圳职业技术学院从事商务口译的教学与研究。在应用外国语学院院长徐小贞教授以及副院长赵继政教授（现任学校外事处处长）的关心与支持下，本人组建了商务口译教学团队并利用不到两年的时间把《商务现场口译》建设成了一门国家级精品课程，为创建商务英语专业国家级教学团队和国家高水平示范专业做出了突出贡献，创造了一个教学团队、课程建设和专业建设的"深圳速度"。

在建设国家级精品课程、示范专业和优秀教学团队的过程中，本人不断进行理论总结，开展学术交流，在商务口译的课程开发、人才培养、教材编写、标准建设、资格认证等方面积累了一定的经验，提出了基于工作过程和学习领域的口译人才培养"3P模式"（相关论文发表于《外语与外语教学》2012年第4期）。2006年，本人同外语教学与研究出版社合作主编了《商务现场口译》；后来，又同武汉大学出版社合作于2010年和2012年分别编写了《商务口译》和《口译技能训练教程》。2010年6月，本人主持的"中国高职商务口译人才培养模式研究"获得中国外语教育基金立项资助；2011年9月本人主持的"商务口译课程标准"和"高职商务英语专业翻译工作坊教学改革研究"分别获得教育部全国高职高专英语类专业教学改革课题和中国高等职业技术教育研究会"十二五”规划课题立项资助;2012 年 6 月,本人作为课题组成员加入了厦门大学陈菁教授主持的国家社科基金项目“口译职业资格认证测试的理论体系与运作模式研究”。

随着教材编写和课题研究的推进,本人渐渐产生了整理思路,出版一本口译研究专著的想法,于是就有了眼前这本《同声传译研究概论》。经过一年多的努力,终于完成了书稿。在本书即将出版之际,请允许我以简短的文字向所有帮助和鼓励我的人士和机构表示衷心的感谢。

感谢厦门大学外文学院陈菁教授!陈老师不仅在我读硕士期间将我引入了同声传译的大门,而且在我毕业后依然在工作、生活等方面继续指导我进步。陈老师还担任了本人作为广东省高等学校“千百十”人才工程培养对象的指导老师。陈老师勤奋认真的研究精神和严谨求实的治学态度一直是我学习的榜样。正是在陈老师的鼓励和指导下,我在口译实践、教学和研究中才能不断取得进步。

感谢北京理工大学珠海学院的吴文梅老师!他对口译研究的痴迷和狂热深深感染了我,给了我从事口译研究的动力。他五年来对口译与认知心理学及心理语言学的结合研究给了我不少启发。每当我有最新作品要发表时,吴老师总是乐于充当第一个读者。他不仅为我逐字逐句校对文稿,还慷慨地提供了许多宝贵意见和参考资料。每次我前往珠海出差时,吴老师总能抽出宝贵的时间接待我、陪伴我,让我总有宾至如归的感觉。

感谢广东外语外贸大学的穆雷教授和王斌华博士(现任教于香港理工大学)!永远忘不了两位老师对我的提携与帮助。穆教授是中国翻译研究领域的泰斗级专家,她的智慧以及远见卓识像灯塔一样照亮了我在翻译研究领域的道路。王老师在国内口译研究领域成果丰硕,是中国口译界青年学者中的佼佼者。我为有这样优秀的老乡和朋友而骄傲。他的谦虚与睿智同样深深感染了我。每次与两位老师的交流都能让我受益匪浅。

感谢我的父母与家人。父亲刘应平1958年毕业于宁都师范，先后任教于家乡的潭头小学和固院中学，在三尺讲台辛勤耕耘了40余载。父亲说得最多的一句话就是“世界上最需要细心对待的就是认真”。母亲曾翠珍虽未曾上过一天的学校，但用勤劳的双手靠种菜把我们四兄弟拉扯大并把我送入大学的殿堂。父母身上体现出的善良、坚韧和宽容教会我如何认真做事、诚实做人。自从1992年上大学以来，我常年在外读书、工作，不能长待左右，以尽孝道，这份愧疚是永远挥之不去的。好在有三位兄长和嫂子能抽空代为探视和照顾。我且把这本拙著当作礼物献给我那已是古稀之年的父母吧。衷心祝愿他们身体健康，长命百岁！

我尤其要感谢我的妻子邓晓云和儿子刘联锦。妻儿的陪伴是我工作的最大安慰，也是我生活的重要寄托。妻子虽然有时脾气不好，但是她始终对我不离不弃。为了我和儿子，她放弃了老家的工作，放弃了北京的事业。没有妻子的鼓励与陪伴，我不可能有勇气再去深造，也不会在深圳这座美丽的国际大都市拥有一席之地。儿子虽然顽皮淘气，但给了我无穷的快乐！今年9月，儿子就要上小学了。这本书也算是我送给他的升学礼物吧。祝愿儿子快乐成长，前程似锦！

此时，我还想起了我的家乡江西赣州，想起了我的母校赣南师范学院，想起了师院外语系的老师和同学们。离开师院已经11年了，真切感觉到岁月如梭，人生如梦。师院的老同事们，你们还好吗？今年也是我在师院所带的唯一一届学生1999级英语本科(2)班同学毕业十周年。我且把本书当作贺礼献给母校，也献给各位同学！祝愿母校越办越好，祝愿各位同学工作顺利，家庭幸福！

让我心怀感激的还有深圳职业技术学院应用外国语学院的领导和同事们。现任深圳职业技术学院外事处处长赵继政教授一直关注我的研究进展，对我取得的一些成绩经常不吝溢美之词。我的“邻居”杜福兴教授和徐新辉教授也经常鼓励我、关心我、引领我，让我倍感温暖。与我同处一室的龙海平博士一直是我在学术上想要追赶却永远也追不上的对象，他就像一座大山既压着我又让我有想要攀登的欲望。感谢代天善博士、肖小军博士、金其斌副教授！感谢李娜、张哲、杨影、桂明妍、孙小芳和李琴美！感谢所有深圳职业技术学院的同事们！

深圳职业技术学院学术出版基金和广东省高等学校“千百十”人才工程为本书出版提供了资助。苏州大学出版社的汤定军先生为本书的出版也花费了不少心血。在此一并感谢！

刘建珠

2013 年 5 月

深圳桃源村教师公寓

目 录

Contents

绪 论

翻译与一个国家的政治、经济、军事与外交一直相伴相随。无论是作为文化现象、思想运动、职业技能还是一项服务活动，翻译总是与所处的时代背景密不可分。在我国历史上曾经出现了三次翻译高潮，即：东汉至唐宋的佛经翻译、明末清初的科技翻译、鸦片战争至“五四”时期的西学翻译。新中国成立后，特别是改革开放以来，我国的翻译事业迎来了又一个春天。中国历史上的第四次翻译高潮正在神州大地蓬勃推进。罗进德在中国对外翻译出版公司发行的《翻译理论与实务丛书》总序“为中国第四次翻译高潮贡献精品”中指出，目前的这一次翻译高潮，无论在规模上、范围上，还是在质量水平和对中国社会发展的贡献上，都是前三次翻译高潮无法比拟的。

在这次翻译高潮中，口译实践与口译研究无疑是其中一大亮点。第四次翻译高潮的出现首先是全球信息时代降临的结果。在信息爆炸和全球一体化的今天，跨语言、跨文化交际的重要性不言而喻。这种交际不仅要求准确通顺，更要求及时快速。这显然凸显了口译（尤其是同声传译）的重要性。在今日的“地球村”，离开口译进行信息交流是不可思议的。各类国际会议几乎每天都在世界各地举行，而且会议全程基本上都会使用两种以上的工作语言。这显然为会议译员提供了充分展示才华的广阔舞台。

会议口译包含交替传译（Consecutive Interpreting）和同声传译（Simultaneous Interpreting）两种口译模式。交传译员坐在（有时也站着）会议室里，一边听发言人的讲话，一边记笔记（也有不记笔记的）。当发言人发言结束或停下来等候传译的时候，口译员用清楚自然的目标语（Target Language），准确流畅地重新表达来源语

(Source Language)发言的全部信息内容,就像自己在演讲一样。同传译员则要利用专门的同传设备,坐在隔音(也有不隔音的)的同传室(SI Booth)里,一边通过耳机收听来源语发言人连续不断的讲话,一边几乎同步地对着话筒把讲话人所表达的信息内容准确完整地传译成目标语。需要同传服务的与会者可以通过特别的接收装置,调到自己所需的语言频道,从耳机中收听相应语种的译语输出。

就两种口译模式的使用情况而言,交替传译多用于规模较小且只涉及两种工作语言的场合,如外交会晤、双边谈判、访问考察、小范围磋商、记者采访、宴会致词、新闻发布会以及一些小型研讨会等。而同声传译则广泛应用于各种大型国际场合,如联合国大会、高峰会议、经贸论坛、国际会展等。由于其具有不占用会议时间且可以多语言同步进行的优势,同声传译已发展成为会议口译中最常用的模式。目前,几乎所有正式的国际多语言会议以及国际组织都采用同声传译作为标准口译模式。正因为如此,无论是在中国,还是世界其他许多地方,对同声传译服务的需求每天都在增加。

然而,相对于日益增加的市场需求而言,同传译员的供应(特别是高水平的职业译员)却严重不足。实际上,目前我国的同声传译市场还很不规范。国内从事同传工作的译员可谓五花八门、参差不齐,来自各行各业、五湖四海。其中既有职业译员也有自由职业者,更有临时兼差人员,既有大学老师也有在校学生,有持证上岗的,也有没经过任何资格认证的。译员水平良莠不齐,报价也相差甚远,结果造成我国同传市场混乱不堪,雇用机构抱怨不断。因此,我们需要对同声传译实行市场准入(Market Access)制度,严格规范同传译员的选拔、培训、认证和管理。

同传译员属于全球稀缺人才,也是最难培养的人才之一。国内虽有不少学校开设了同传课程,但是大多以技能训练为主,缺乏深入而系统的理论探讨。目前,市场上以同传命名的书籍多以培训教程为主,对同传进行系统化理论探讨的著作十分少见,教程内容大部分是语篇练习,理论阐述比较零散。因此,本人决定根据多年的口译实践和教学经验以及国内外现有的同传研究基础，斗胆编写一本《同声传译研究概论》，试图比较系统地阐述同传的职业定位、工作过程、问题诱因、应对策略、人才培养、资格认证等问题。

全书正文部分共六章，各章均设有导读、思考题和参考文献。第一章从同传的职业发展以及职业特征两方面探讨同传的职业定位。第二章从同传的操作流程、信息传播、思维认知三个方面探讨同传的工作过程。第三章从信息噪音、口译能力、用户期待三方面分析同传工作过程中的问题诱因。第四章结合案例探讨了有效预测、顺句驱动和模糊表达三大同传应对策略的具体应用。第五章分析了口译学习动机的激发与保持，提出了口译人才培养的“3P模式”，构建了多元化口译教学评估体系。第六章探讨了构建国家职业资格认证体系的必要性，分析了国内外口译职业资格认证的现状，提出了同传译员职业资格认证的基本原则。本研究的具体研究思路如图1所示：

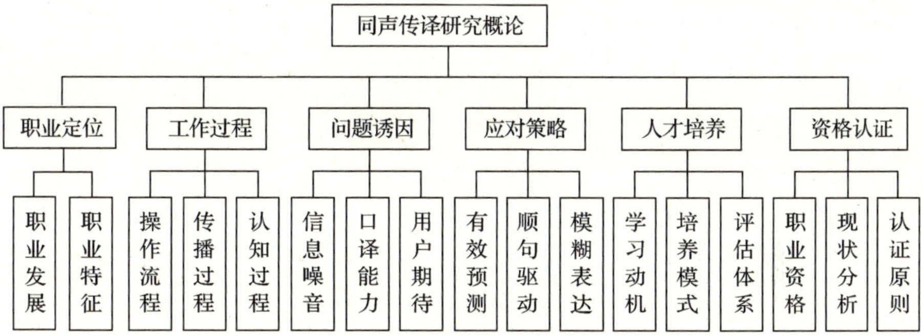

图1　本研究的基本思路

本书采用以文献综述和案例分析为主的研究方法，在研究过程中借鉴了信息传播学、认知心理学、模糊语义学等相关学科的理论成果以及国内外口译同行的部分研究成果。本研究试图阐明同声传译的职业性特征和职业化趋势，建立同声传译的信息传播和思维认知模型，分析同声传译的问题诱因，探讨同声传译的应对策略，提出同传译员的培养模式和同传资格的认证原则。本书的写作大纲得到了笔者所在单位深圳职业技术学院学术委员会专家组的高度评价以及苏州大学出版社的出版许可，并获得了深圳职业技术学院学术著作出版基金以及广东省高等学校“千百十”人才工程的资助。希望该书的出版能为我国的同传培训和同传研究提供一些有价值的参考材料。

目前,国内市场上的同传理论研究专著非常少。本书的出版可供国内高校翻译专业本科生、研究生以及专任教师参考使用,也可为国内同传译员培训机构和研究人员抛砖引玉。但是,由于作者同传教学和实战经验有限,加之时间仓促,书中难免有缺点和错漏之处,有些观点也不一定能得到广大同行和业内专家的认可。希望各位读者不吝赐教(本人工作邮箱:liujianzhu2002@szpt.edu.cn)。

第一章 同声传译的职业定位

导读

同传被普遍认为是一个“4 Nice”金领职业，能结交达官显贵（nice people to meet）、参观风景名胜（nice places to visit）、品尝美味佳肴（nice food to taste）以及赚取丰厚报酬（nice money to get）。也许正是同传的这几个“Nice”让很多青年学子趋之若骛，让会议口译瞬间成为各大高校的热门专业。但是，作为一个年轻的职业，同传又被认为是全宇宙最复杂的事情和世界上最具挑战的职业，让许多人望而却步或中途退出。很多亲身经历过同传魔鬼式训练的学子甚至发出这么一个感叹：同传是一个让人想爱又不敢爱的职业！本章的主要贡献在于理清了国内外同传的职业发展道路，明确了同传的职业特征，从而让读者明白同传的职业性特征以及职业化发展方向。

思考题

1. 历史上第一次大规模采用同传出现在什么时代背景？哪件事情标志着同传走上了一条职业化道路？为什么说中国同传的职业化任重道远？

2. 职业须同时具备哪些基本特征？同传的职业特征具体表现在哪里？同传在我国的职业划分中处于何种地位？

第一节　同声传译的职业发展

口译活动的历史十分悠久，最远可以追溯到人类各种语言逐渐形成后的时期。但是，作为口译的一种特殊形式，同传却显得十分年轻，其发展历史不足百年。相对于西方而言，我国在同传的应用、研究以及同传译员的培养上更加落后。我国同传的职业化道路还十分漫长。

一、口译的发展历程

关于口译（Interpreting）的定义，许多专家、学者根据不同的侧重因素做出了不同的阐述。根据刘宓庆（2003）的考证，"Interpret"一词来源于拉丁语，意思是"explain"（解释）。目前，国内比较认同的观点是：口译是一种通过口头表达形式，将所听到（或读到）的信息准确而又快速地由一种语言转换成另一种语言，进而达到传递与交流信息之目的的交际行为，是人类在跨文化、跨民族交往活动中所依赖的一种基本的语言交际工具（梅德明，2003）。另外，把口译作为一种交际服务、当作一种社会职业、看作译员心理认知过程的看法也在口译界产生了越来越多的共鸣。

但是，由于历史资料欠缺，我们很难知道口译究竟是在哪一年产生并发展起来的。我们只能推测，口译是随着人类各民族相互交流的需要而产生并逐步发展起来的，最远可以追溯到人类各种语言逐渐形成后的时期（黎难秋，2002）。在漫长的人类原始社会，原始部落群体的经济和文化活动属于一种各自为政的区域性活动。随着历史的发展，这种自我封闭的社会形态显然阻碍了人类经济和文化活动的进一步发展，于是各部落群体便产生了跨越疆域发展的愿望，产生了跟讲不同语言的民族和种族进行贸易往来和文化交流的需要。语言不通显然成了影响这种跨民族、跨文化交流的最大障碍。于是，口译服务便应运而生。

在人类社会的发展史上，口译活动一直是推动人类社会车轮滚动前进的润滑剂。人类的口译活动忠实地记录了千百年来世界各族人民之间的政治、经济、军事、文化、科技、卫生和教育的交往活动:古代社会东西方宗教、科技等文明成果的交流;近代社会西方世界与中国之间在政治、军事、经济、文化诸方面的风风雨雨;现代社会两次世界大战的爆发,联合国的建立,世贸组织的形成;当代社会中国全方位的对外开放,经济持续高速发展;今日信息爆炸时代"地球村"(Global Village)的发展等等。人类历史上的大事要事无不烙有口译的印记。

口译活动的历史虽然悠久,但是口译作为一种在国际上被认定为正式的专门职业是20世纪初的产物。第一次世界大战结束后的1919年,巴黎和会(Paris Peace Conference)的组织者招募了一大批专职译员,他们以正式译员的身份为巴黎和会作交替传译。从此,口译的职业性得到了认可,口译基本方法和职业技能的训练开始受到重视。第二次世界大战结束后,纽伦堡战犯审判的口译工作采用了原、译语近乎同步的方法。以同声传译为标志的口译形式的出现使人们对高级口译的职业独特性刮目相看。随着联合国的创立,随着各类全球性和地区性组织的出现,国际间交往日趋频繁,世界的多边和双边舞台上演出了一幕幕生动的现代剧,口译人员在这些剧目中扮演了独特的角色。

有意思的是,口译作为一种专门职业在我国其实有着两千多年的历史。古时,从事口译职业的人在我国有专门的职位和称号,被称之为"译"、"寄"、"象"、"狄鞮"、"舌人"、"通事"或"通译"。《礼记·王制》中记载:"五方之民,言语不通,嗜欲不同。达其志,通其欲,东方曰寄,南方曰象,西方曰狄鞮,北方曰译。"在我国漫长的历史河流中,口译在人类社会生活和交往中一直扮演着重要的角色。令人遗憾的是,进入封建社会后期后,中国开始执行闭关锁国政策。从此,翻译活动(特别是口译活动)几乎在神州大地销声匿迹。口译的职业化道路自然而然给中断了。

令人欣喜的是,新中国成立以来,我国在国际舞台上日趋活跃。我国在世界政治、经济、贸易、文化、体育等领域里发挥着越来越重要的作用,这使优秀口译人员再次成了国家紧缺人才。20世纪70年代初,中国重返联合国,我国的国际地位快速上升。进入以改革开放为标志的80年代后,我国的经济开始腾飞,对外开放的国门也因而越开越大。在东西方许多国家和地区经济陷于衰退的90年代,我国的经济列车仍以其强劲的活力,沿着通向世界经济发达国家之列的轨道继续高速运行。进入全球一体化的21世纪,一个以稳健的步伐走强国之路的全面开放的中国,对外交流的项目越来越多,接触面越来越大,在国际上的地位和影响也越来越高。各类口译人才的需求与日俱增,高级译员的供需矛盾越来越突出。口译的职业化再次进入了国人的视野。

二、同声传译的职业进程

在相当长的历史进程中,口译一直是以交替传译的形式进行的,同声传译的出现距今不到一个世纪。同声传译最早发端于欧洲,其历史可以追溯到第一次世界大战末期。当时法语已成为欧洲政治舞台的通用语言,国家与国家之间的交往大多是用法语进行。随着第一次世界大战的结束和英语的不断发展,法语在国际交往中的垄断地位逐渐丧失,出现了英语和法语并用的局面。这在很大程度上推动了同声传译的发展。

1919年,同声传译首次出现在法国巴黎召开的和平会议上。尽管这次会议只是对部分谈判内容采用了同声传译,而且由于当时设备简单,效果没有人们预想得那么好,但它标志着同声传译第一次登上了国际舞台。在后来相当长的一段时间里,交替传译一直是国际会议的主要口译形式,因为许多优秀的口译员和外交官都对同声传译持否定态度,怀疑同传译员是否能够准确无误地将大会发言人的信息传递给听众。

历史上第一次大规模地采用同声传译出现在第二次世界大战结束后的纽伦堡审判(Nuremberg Trials)。当时受审的主要是法西斯二号人物赫尔曼·戈林(Hermann Goring)。战后的纽伦堡置于美国、英国、苏联以及法国军队的掌控之中。因此,纽伦堡审判法官和公诉方代表分别由以上四国成员担任。德方被告的辩护律师则来自德国。审判过程涉及英、法、俄、德四种语言。如果采用传统的交替传译方式,审判流程将会变得相当复杂拖沓。因此,纽伦堡审判大规模地采用了同声传译，这大大加快了审判的过程，不到一年便顺利结束了所有审判程序，取得了非常惊人的效果。最后连赫尔曼·戈林本人也不得不感叹同声传译缩短了他的生命。

鉴于同声传译在纽伦堡审判中的成功，联合国也开始在部分会议中尝试使用同声传译，结果也取得了很好的效果。由于使用了同声传译，会议时间至少减少了一半，大大降低了会议的费用、提高了工作效率。1947 年召开的联合国大会上正式使用了同声传译。美国的无线电网络对大会发言用英语作了即时对外广播。一夜之间，同传译员成了国际时事舞台上的明星。1950 年，联合国安理会也开始使用同声传译。此后，同声传译开始进入各个领域和各大国际组织，彻底打破了交替传译在会议口译中的垄断地位。后来，凡是联合国的正式会议，代表们的发言都要在现场用阿、汉、英、法、俄、西等六种语言同步传译。联合国大会会堂和各个会议厅都配有被称之为“箱子”的同声传译工作室。会场内，每个座位上都装有六种同声传译语言接收机，代表们可以根据旋钮选择自己想听的语言。

随着国际会议的逐渐增多，同声传译得到了飞速发展。1953 年，最早的一批国际会议译员在瑞士的日内瓦成立了国际会议口译工作者协会(AIIC)。经过 60 年的发展，协会队伍不断壮大，会员分布在世界各地，承担了大部分国际会议的交传和同传任务。协会负责对会员的专业资格、业务能力和语言水平进行评价和确认，并制定了会议口译的职业道德和行为准则。协会颁布了自己的章程，规定了会议口译工作者的工作目的、工作范围、荣誉准则、工作条件、工资待遇等。AIIC 的建立标志着包含同声传译在内的会议口译走上了一条职业化道路。

三、同声传译的中国传奇

中国的口译活动可以追溯到夏商时期(公元前 21 世纪—公元前 11 世纪)。到了周朝，中央政府还专门设立翻译职务负责中央政府与国内其他民族和周边国家的交流。在长达五千多年的历史长河中，翻译工作者一直扮演着我国对外交流的重要角色。然而，中国政府对于同声传译人才的培养则是到了20世纪七十年代末实施改革开放政策后才真正开始。如今，中国历史上的第四次翻译高潮正在神州大地蓬勃推进，我国的同声传译也迎来了发展的黄金时代。

新中国成立以来，我国在国际舞台上日趋活跃。随着我国在世界政治、经济、贸易、文化、体育等领域里发挥着越来越重要的作用，优秀口译人员成了国家紧缺人才。我国在同声传译的应用以及同传译员的培养上要相对落后。尽管，在联合国成立之初，汉语便是联合国的正式语言之一，但汉语同传在联合国会议上的使用却非常有限。直到中国恢复了在联合国的合法席位后，汉语才逐渐成为联合国及其专门机构的同传语言。

自从我国加入联合国的那天起，培养口译人员的任务就摆在了国家领导人的面前。事实上，新中国成立后，国家领导人一直十分重视口译人员的培养。1979年，联合国与北京外国语大学共同组建了联合国译员训练部，面向全国单独招生，在北京、上海、广州设立了3个考点，先后为联合国培养了两百多名译员，其中包括我国首批同传译员。联合国译员训练部是北京外国语大学高级翻译学院的前身，被称为我国同传译员的摇篮。

进入以改革开放为标志的80年代后，我国的经济开始腾飞，对外开放的国门也因而越开越大。一个义无反顾地选择了社会主义市场经济并已取得巨大成功的中国，成了许多海外投资者和观光客的首选目标。这为翻译事业的发展提供了广阔的前景。各类口译人才的需求与日俱增，高级译员的供需矛盾越来越突出。为了适应新形势的需要，国内各大高校开始开设口译课程和翻译专业，乃至成立翻译学院。有些院系还开设了同声传译课程或同传培训中心并购置了专业的同声传译训练软件和设备。同声传译作为一门新兴的职业类别，正受到越来越多的有志向、有抱负的年轻人的青睐，从业人员迅速增加。

进入21世纪后，我国的同声传译迎来了新的春天。同传译员不仅活跃在各大国际会议上，如博鳌亚洲论坛（Boao Forum for Asia）、亚太经济合作组织峰会（APEC Summit）、达沃斯世界经济论坛(Davos World Economic Forum)等。近年来,同传译员还频繁出现在我国电视直播节目中,如奥斯卡颁奖礼、诺贝尔颁奖典礼、美国总统竞选演讲、重大自然灾害救援、国际军事争端等。通过电视同传,国内的观众也能跟上国际事件的节拍,第一时间了解事情的进展。随着电视同传(TV SI)的普及,同传译员有了新的用武之地。

我国口译职业化发展道路上的又一件大事是:中国标准化协会(CAS)、中国翻译协会(TAC)翻译服务委员会和上海市人民政府新闻办公室于2007年1月5日共同发布了我国第一个有关口译服务的国家标准(参见附录一)。该标准对口译的术语进行了明确的定义,并在口译服务方的资质、业务接洽、译员、顾客支持、业务管理、口译服务过程控制、保密等方面确定了口译服务的规范。特别值得一提的是,该标准还专门对同声传译的定义、工作时间、计费等方面做出具体的规定。我们有理由相信,口译服务国家标准的出台必将进一步推动我国口译的职业化进程。

但是,我国目前从事同声传译的人员数量却远远不能满足市场的需求,在经贸、科技、政法等领域学有所长的专业型同声传译人才更是屈指可数。由于中国经济的迅速崛起使汉语正在成为一门国际化的语言,在中国召开的国际会议也越来越多。国际会议是否配备同声传译已成为衡量会议档次和级别的重要标志。据统计,目前世界上90%以上的国际会议都采用同声传译的方式。因此,涉及汉语的同传在国内和国际的市场都是巨大的。现在,不少同声传译人才几乎成了“空中飞人”,辗转于各个城市甚至世界各地参加各种国际会议。

第二节　同声传译的职业特征

在漫长的历史河流中,口译逐渐形成了交替传译和同声传译两种职业类别。它们有各自的职业特征和具体的工作方式。然而,在我国的职业分类大典中,口译一直没有一个固定的职业身份和明确的工作界定。这种现象显然与蒸蒸日上的口译市场不相符。

一、职业与职业划分

职业是指从业人员为获取主要生活来源而从事的社会性工作类别。职业须同时具备下列五个特征（刘彦文，2008）。第一，目的性，即：职业以获得现金或实物等报酬为目的并以此为谋生手段和生活主要来源；第二，社会性，即：职业是从业人员在特定社会生活环境中所从事的一种与其他社会成员相互关联、相互服务的社会活动；第三，稳定性，即：职业在一定的历史时期内形成，并具有较长生命周期；第四，规范性，即：职业必须符合国家法律和社会道德规范，有自己规范的职业准则；第五，群体性，即：职业必须具有一定的从业人数，有相当一群人在从事同一种工作，形成了固定的职业群体。

职业种类繁多，如教师、律师、医生、记者、翻译等。根据《中华人民共和国职业分类大典（2007 增补本）》（以下简称《大典》），我国职业分为 8 个大类（国家机关、党群组织、企业、事业单位负责人；专业技术人员；办事人员和有关人员；商业、服务业人员；农、林、牧、渔、水利业生产人员；生产、运输设备操作人员及有关人员；军人；不便分类的其他从业人员），包括 66 个中类，413 个小类，近 2000 个细类。《大典》比较全面客观地反映了我国社会的职业结构状况，是我国第一部对职业进行科学分类的权威性文献。《大典》的出版对开展我国劳动力需求预测、加强职业教育和职业培训、推动国家职业资格证书制度建设、促进人力资源开发具有重要作用。

在《大典》规定的职业分类中，翻译属于第 2 大类（即：专业技术人员）第 12 中类（即：新闻出版、文化工作人员）中的第 5 小类。《大典》明确指出翻译是从事外国与中国语言和文字互译或中国各民族语言和文字互译的专业人员，翻译的工作主要包括进行外国语和汉语间或中国各民族语言间的口译、在大型国际会议中进行外国语和汉语的同声互译、进行外国文字与中国文字互译或进行中国各民族文字互译、对译文进行校订及修改。

从《大典》对翻译工作的描述来看，翻译分口译和笔译，口译又包括一般口译和同声口译。然而，《大典》对属于同一大类和中类的记者、编辑等均有更加细致的职业划分，比如记者分为文字记者、摄影记者、其他记者，编辑分为文字编辑、美术编辑、技术编辑等，而对翻译却只进行了笼统的介绍并没有将翻译中的笔译和口译活动细分为两种具体的职业，更没有将交替传译和同声传译划分为职业。事实上，随着国际交流的加强，笔译和口译完全具备各自的职业特征，已经发展成为两个独立的职业类别。另外，笔译和口译事实上已经形成了更加细致的职业类别。比如，笔译包括文学翻译、科技翻译、商务翻译等。由此可见，目前《大典》对于翻译的职业划分不能反映翻译的现状。

可喜的是，随着社会经济的发展和科技的进步，客观反映经济发展和科技进步的职业结构发生了相应的变化，产业结构的调整在职业领域也引起了强烈地反响，一些新职业不断涌现。为及时反映这些新职业的发展变革，国家人力资源和社会保障部建立了新职业信息发布制度，对职业分类与职业标准开发实行动态管理，并通过信息发布制度，系统介绍新职业名称、主要工作内容以及从业人员状况等情况，定期组织专家对《大典》进行增补修订，收录新的职业名称。相信在不久的将来，在新版《大典》中对翻译一定会有更加细致的职业划分。口译，甚至是同声传译，迟早有一天会作为一种职业类别出现在《大典》的名单上。

二、同声传译的职业划分

口译有其特有的职业形式和类别。根据译员的工作方式、工作场合、工作主题、传递方向、技术设备等因素，我们可以将口译活动进行更加细致的分类。例如，根据工作方式可分为交替传译和同声传译，根据工作场合可分为会议口译、社区口译、联络口译、陪同口译等，根据工作内容可分为外事口译、商务口译、军事口译、法庭口译等，根据传递方向可分为单向口译、双向口译、接力口译等，根据技术设备可分为电视口译、电话口译、网络口译等。

目前，国际上一般采用工作方式对口译进行分类，即将口译分为交替传译(简称交传)和同声传译(简称同传)。交传译员坐在会议室里,一面听发言人的讲话,一面记笔记(也有不记笔记的)。当发言人发言结束或停下来等候传译的时候,口译员用清楚自然的目的语,准确完整地重新表达来源语发言的全部信息内容,就像自己在演讲一样。同传译员利用专门的同声传译设备,坐在隔音(也有不隔音的)的同传室(俗称"箱子")里,一面通过耳机收听来源语发言人连续不断的讲话,一面几乎同步地对着话筒把讲话人所表达的全部信息内容准确完整地传译成目的语(曾传生,2009)。需要传译服务的与会者,可以通过特别的接收装置,调到自己所需的语言频道,从耳机中收听相应的译语输出。

与交替传译相比,同声传译具有明显的优点。第一,在同声传译中,发言与翻译同时进行,不会占用会议时间;第二,同声传译可以利用电子设备,在同一时间内对多种语言同时进行翻译;第三,在大型国际会议中,译员有时可以事先得到发言稿件,早做准备,提高翻译的质量;第四,同传译员一般不直接面对听众和发言人,心理压力相对较小,译文质量有时甚至超过交替传译。因此,虽然同声传译的报价可能是其他口译形式的几倍甚至十几倍,而且需要特殊的设备,大部分国际会议还是倾向于采用同声传译的方式进行。相对于节省下来的时间成本而言,译员和设备的开支是微不足道的。

同声传译可分为常规同传、视译同传、耳语同传、同声传读、接力同传等多种形式。常规同传指的是译员把耳朵接收到的发言人信息,经过大脑加工整理后,以几乎与发言人同步的速度,用目标语传达给听众的一种口译方式;视译同传则是以阅读的方式接收来源语信息,以口头方式将一篇事先准备好的讲稿或文件信息同步传达给目标语听众;耳语同传是指不需要使用同传设备,译员坐在与会代表身边一边听讲话人的发言,一边对着目标语听众的耳朵小声传译;同声传读是指译员拿着事先翻译好的书面译文,一边听发言人念稿,一边宣读译文的翻译方式;接力同传一般在使用三种或三种以上语言的国际会议中应用,发言人用 A 语言发言后,一名译员用 B 语言进行同传,另一名译员则根据 B 语言的内容翻译成C语言并传送给C语言听众。

三、同声传译的职业认可

在《中华人民共和国职业分类大典》关于翻译的描述中，口译活动分为一般口译和同声传译。如今，随着国际交流以及经济全球化趋势的日益加强，包括同声传译在内的口译的职业性已经得到了越来越广泛的认可。许多国家甚至还专门设立了同声传译的职业资格认证机构。事实上，同声传译完全具备职业的目的性、社会性、稳定性、规范性和群体性五个特征。因此，不仅口译有必要作为一种职业得到认可，同声传译也完全有必要从口译中独立出来并作为一个职业门类得到国家认可。

第一，同声传译的目的性。同传译员提供专业的口译传译服务，以获得现金、实物等报酬为目的。目前，市场上有对同传服务相对固定的报价。同声传译的收入不是按照“月”计算的所谓“月薪”，而是以“天”为单位的“日薪”。同传译员一天的薪水甚至相当于一个普通白领一个月的收入。此外，客户会支付同传译员的食宿费用、机票费用、地面交通费用和其他有关费用。总的说来，收入很可观，同传人士也因此被外界称之为“语言金领”。

第二，同声传译的社会性。同传译员一般在国际会议现场提供翻译服务，涉及会议组织者、会场技术人员、会议发言人、参会人员等社会人员。跟其他职业群体一样，同传译员也有特定的服务对象，需要跟特定的社会群体发生联系。而且，同传译员一般是以两人或三人小组的形式工作。因此，同声传译具有典型的社会属性。同传译员也是社会的普通成员，并非孤立的。

第三，同声传译的稳定性。从口译的发展历程来看，同声传译形成于两次世界大战期间，经过了无数次国际会议的现场考验。实践证明，同传服务是可行的，质量也是有保证的。事实上，同声传译已经发展成为国际上最流行的翻译形式。就目前的国际形势和社会发展而言，同声传译具有良好的发展前景，其就业市场不但稳定而且巨大。

第四，同声传译的规范性。同其他职业门类一样，同声传译也有其特定的职业准则，同样必须遵守国家法律和社会道德规范。国际上，同传译员有其专属国际组织，即国际会议口译员协会（AIIC），其会员身份是国际公认的合格会议口译人员的标志。该协会制定了会议译员的《职业道德守则》（参见附录二），从工作范围、工作准则、工作条件等方面做出了统一的规范要求。另外，我国也专门出台了有关口译服务的国家标准，对口译服务方资质、业务接洽、译员管理、计费方法、顾客支持等诸方面进行了规范。

第五，同声传译的群体性。同声传译在国内外具有特有的认证机构和组织。国际上，我们有国际会议口译员协会（AIIC）、欧盟口译司（EUJICS）等。目前，AIIC 在世界各地有近 3000 名会员。相对于其他职业的从业人数而言，这一数字不是很大，但是上升势头十分迅猛。在国内，我国国家人事部门早在 2003 年便制定下发了《翻译专业资格（水平）考试暂行规定》（参见附录三），为通过该考试（CATTI）的人员颁发国家统一的翻译资格证书，其中就包括具备同声传译资格的考生。这一群体的数量正以每年成百上千的规模在增加。据统计，截止到 2012 年年底，CATTI 的年报考人数已突破 5 万，累计报考人数达到 25 万，累计合格 3 万余人。显然，CATTI 已进入了中大型考试的行列。

参考文献

[1] 刘宓庆. 口笔译理论研究[M]. 北京：中国对外翻译出版公司，2003.

[2] 梅德明. 英语口译教程[M]. 北京：高等教育出版社，2003.

[3] 黎难秋. 中国口译史[M]. 青岛：青岛出版社，2002.

[4] 中国国家标准化管理委员会等. 翻译服务规范（第 2 部分：口译）[M]. 北京：中国标准出版社，2006.

[5] 刘彦文. 职业的含义、特点及发展趋势文[J]. 职业，2008(31).

[6] 国家职业分类大典和职业资格工作委员会. 中华人民共和国职业分类大典(2007 增补本)[M]. 北京：中国劳动社会保障出版社，2008.

[7] 曾传生. 英语同声传译[M]. 北京：对外经济贸易大学出版社，2009.

第二章　同声传译的工作过程

导读

同声传译是一个既简单又复杂的过程。之所以简单，是因为这个过程可以很容易地描述成一个由发言人到译员再到听众的信息传递过程。之所以复杂，是因为在实际工作过程中，同声传译涉及翻译对象、翻译媒介、同传译员、翻译受众等，需要来自同传用户、发言人、技术员、译员、听众等多方配合。这个过程中的任何一个环节都可能构成传译质量的问题诱因。而同传译员对信息的处理更是一个包含听解、记忆、转换、表达等多重任务在内的、复杂的心理认知过程。本章的主要贡献在于构建了同声传译工作过程的三个模型，即服务操作模型、信息传播模型和心理认知模型。

思考题

1. 一般的同声传译服务流程是怎样的？同传服务协议一般应包含哪些条款？在同传间工作时译员要特别注意什么？

2. 信息传播的基本要素包括哪些？同传信息的传播途径是怎样的？同传译员在信息传播过程中起什么作用？

3. 如何理解巴黎释意学派有关脱离源语语言外壳的表述？丹尼尔·吉尔提出的同传模式中涉及哪些任务？安德逊将译员的认知过程分为哪三个阶段？

第一节 同传服务的操作流程

同传译员有其特定的服务对象，通过为国际会议提供交际服务获取报酬。随着市场化和职业化的加深，同声传译逐渐形成了特有的行业服务流程和操作规范。本节分析了同传译员的基本服务配置以及任务的接受和完成程序，在借鉴国内翻译公司规范文件的基础上提出了同传的服务操作模型。

一、同传译员的基本配置

当我们谈及同传译员的能力时，大多数人想到的可能是语言功底、口译技巧、百科知识、心理素质、团队精神、职业道德等方面的职业素养要求。这六方面的素养是同传译员必备的内在条件，也就是我们常说的口译能力（有关译员口译能力的论述，参见本书第三章第二节）。这些素养是译员进入同传行业的基本条件，但不是所有条件。在实际的同传操作过程中，同传译员除了在语言、知识、技巧、心理等无形要素做好准备外，还需要配备诸多看得见摸得着的东西。

首先，要在物质上武装自己，给自己添置基本的"吃饭家伙"，如：供客户联系的手机、邮箱、电话、传真等，求职用的个人简历、推荐信、工作名片等，查阅资料用的手提电脑、参考文献、电子词典等，记录工作实况的钢笔、笔记本、U 盘、录音笔、录像机等，出行用的旅行箱、衣服、鞋帽、身份证、护照、望远镜等。另外，译员还应根据个人的身体情况随身准备一些治疗感冒和肠道疾病的药品，以防万一。这些是同传译员的必备工具和物品，应随身携带，统一装在旅行箱中。这样，一旦有任务可以随时出发。

其次，要建立广泛的人脉关系，要广交朋友，让自己成为"圈内人"。如果要让自己真正忙起来，做到每个月甚至每个星期都有同传任务，同传译员要让自己为当地的翻译协会和翻译公司所知（最好是加入当地的翻译协会并成为当地翻译公司的兼职译员），也要为当地的国际组织和外事机构所知，还要为当地的外资企业、中外合资企业所知，更要为活跃在当地的口译同行所知，最终的目的就是让自己为同传业内所知。他们既是同声传译工作的“供应商”，也是同传工作的忠实客户，能为同传译员源源不断地提供工作机会。一般而言，同传客户在需要同传服务时，首先想到的都是以前为他们提供过服务的译员。

再次，要寻找相对固定的同传搭档，组成“最佳拍档”。交替传译一般是由一个译员独立完成，但是同声传译任务则由两到三人通过“换班”的方式共同完成。由于同传工作高度紧张，一般情况下，每隔15到20分钟需要换班。即便是非常优秀的职业译员，也很难独自一人完成整个会议的同传。因此，同传译员要寻找合适的工作搭档组成工作小组而且组员要相对固定，要熟悉对方的脾性，能读懂双方的眼神，能互相帮助，相互理解，相互包容，不斤斤计较，能取长补短，最好要成为好朋友，而不只是工作搭档。

二、同传译员的任务接受

同声传译是一项服务性社会工作，有相对固定的服务流程（参见附录四）。一般而言，译员首先通过各种渠道获取口译服务的需求情况，了解口译方式、口译主题、工作日期、工作场地、工作条件等信息。如果有服务意愿，译员便会同客户或翻译中介联系并提供口译方案和报价，询问相关信息并回答客户的咨询。如果双方谈得比较顺利，便可确定合作意向。此时，双方须针对口译项目的内容和具体要求进行协商，产生合同的主体和细节，双方认可后，签订口译服务合同或约定口头协议。

口译服务合同是同传服务过程中非常重要的文件。一般而言，服务合同对口译的工作内容、工作地点、工作时间、工作报酬、双方责任、赔偿条款等会有详细的规定（参见附录五）。服务合同能有效地约束和保护译员和客户的权益。译员在签字前一定要慎重，要有法律意识，要学会保护自己。因此，译员一定要仔细阅读服务合同中的每一项条款，明确自己的责任和权利，必要时要保留一定的书面或录音证据。双方一旦签了字，合同便有法律效力。千万不能只关注报酬而忽略其他的条款，更不能只凭几句口头协议便答应提供同传服务。

同声传译是一项充满挑战的职业。因此，译员在接受任务前，一定要量力而行，不接受没有把握做好的同传任务。一旦接受了任务，签订了服务合同，就要高质量地完成，切不可被丰厚的报酬迷住了双眼。如果在工作过程中发现任务超出了自己的能力范围而无法继续导致会议中断，可能给客户带来巨大损失。按照合同规定，译员可能要承担一定的赔偿责任。另外，一次的失误有可能会给译员带来终生的阴影，也可能将自己在圈内建立起来的良好口碑毁于一旦，以后要重拾信心和信任需要付出加倍乃至十倍的努力。

因此，译员在接受同传任务时要全方位了解任务的性质和范围。首先要确定同传的场合和主题，了解工作内容是记者招待会还是大会发言，组织者是政府机关还是商业组织，发言人有无讲稿等。如果译员对所要翻译的主题不是很熟悉或者缺乏完成同传任务的信心，那就不应该贸然接受。当然，如果译员觉得报酬不理想或工作条件太差也可以拒绝接受任务。

三、同传译员的任务完成

同传口译服务合同的签订意味着同传任务的正式开始。想要按照合同要求顺利完成任务，译员需要在资料、设备、身体、心理等方面做好充分的准备。译前准备是同传工作过程中十分重要的环节，直接关系到同传的效果。确切地说，同传的成功与否在很大程度上取决于译员的准备是否充分。有人甚至认为同传工作的70%是在准备过程中完成的。有时，为了准备一个半天的会议同传，译员可能要准备几天甚至一个星期。如果把准备的时间也算入其中，同传的时薪并不高。

同传译员在接到任务后，应合理安排自己的时间，调整好自己的身体和心理状态，更重要的是要想方设法多了解与口译任务相关的主题知识。例如，译员可以通过网络进行关键词搜索会议的主题、主办单位的背景、发言人介绍等。译员也可以直接跟会议的组织者或发言人取得联系获取会议安排表、宣传手册、发言稿等一手资料。事实上，有经验的译员甚至会打电话到发言人入住的宾馆或亲自到宾馆跟发言人做些会前交流，除了提醒发言人注意到译员的存在外，还可以了解发言人可能涉及的术语以及发言人的口音和语速。

另外，同传译员有自己的工作间和特殊的同传设备。因此，译员还应提前到工作现场踩点熟悉环境，检查工作间的隔音和通风效果，测试话筒和耳机的音质传送效果。还有，译员应向会场技术人员学习同传设备的操作，熟悉同传设备的每一项功能。此时译员也可以向布置会场的工作人员提出同传工作间的布置要求，保证译员能看到会议主席、发言人、屏幕等。运气好的话，顺便还能将大会工作人员提前放在电脑上的发言内容拷贝过来。

进入同传工作间后应立即关闭手机、取下佩带的手链耳环等（手机信号和配饰物品对耳机的信号接受和传送效果有影响），与同伴商定好换班的时间长度（一般是 15 分钟左右，也有按照不同发言人换班的），把口译中可能用到的文件资料有序地摆放在工作台上，注意保持与麦克风的合适距离并关注同伴的工作表现，在不干扰同伴的情况下，尽量给予帮助。

从同传间走出来后，也许译员可以伸个懒腰，长舒一口气。但是，现场工作的完成不等于同传任务的结束。译员还需进行译后的评估与总结。同传工作没有完美的结局，永远是一门留有遗憾的艺术。因此，译员在完成现场口译的任务后，应回放现场录音或录像（有经验的译员一般会将自己的现场翻译进行录音或录像），分析一下自己的表现，总结经验教训。另外，译员也应同现场的客户和听众进行沟通，听取他们的反馈意见。

事实上，为了了解译员的工作水平，翻译中介机构往往会事先将问卷发放给会场的听众，会后将听众的反馈收回，开展用户对译员在信息传递、语言表达、专业术语、声音控制、行为举止等方面表现满意度调查（参见附录六）。译员也可借此机会了解听众对自己现场表现的期待和评价，收集用户和听众的建议及其他信息。如果中介机构没有设计问卷，译员自己也可以设计一份问卷交给工作人员发放。听众的反馈是译员后期工作的重要参考。另外，这些问卷调查对于研究同传的质量评估和用户期待也是非常宝贵的研究资料。关于职业口译质量的评估，蔡小红教授（2007）在其专著《口译评估》中有详细论述。其中，《口译评估》第三章第六节设计的"会议口译听众意见调查表"和"会议口译员意见调查表"具有很高的参考价值。

根据上述分析，同声传译的服务流程大体上可分为同传业务联系、项目合作洽谈、服务合同签订、译前准备、同传室工作和译后客户满意度反馈等六个环节。它们共同构成同传任务的服务操作流程和模型，如图2所示。

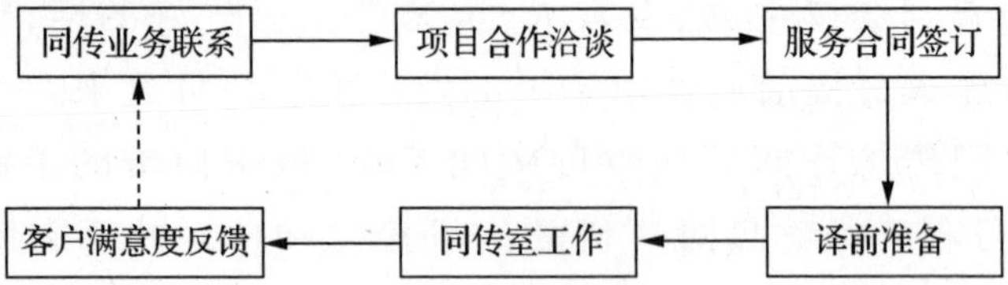

图2　同传服务操作流程图

第二节　同传信息的传播过程

同声传译的工作对象其实是来源语所传递的信息。同声传译是一个信息传播(Information Communication)的过程，有其特有的信息传播模式。在这个信息传播过程中，译员起着枢纽的作用。本节在分析了信息的特点及其传播要素后，在借鉴国内外信息传播经典模式的基础上，提出了同传的信息传播模型。

一、信息与信息传播

信息指的是以适合于通信、存储或处理的形式来表示的知识或消息，包括人类社会传播的一切内容。人们通过获得、识别自然界和社会的不同信息来区别不同事物，得以认识和改造世界。没有信息就没有世界。信息是构成世界的基本要素，是人类重要的资源和财富，可以被获取、识别、处理、转换、传递、储存、搜索、利用和控制(吕杰等，2007)。在一切通讯和控制系统中，信息是一种普遍联系的形式。美国数学家、控制论的奠基人诺伯特·维纳(2007)在他的《控制论——动物和机器中的通讯与控制问题》中认为，信息是我们在适应外部世界，控制外部世界的过程中同外部世界交换的内容的名称。

信息是客观事物存在、联系、作用和发展变化的反映。只要有事物的地方，就必然存在信息。信息在自然界和人类社会活动中广泛存在。人类认识和改造世界的过程就是一个不断从外界获取信息和向外界发布信息的过程。信息有不同的类别（吕杰等，2007）。按信息的发生领域可分为物理信息、生物信息和社会信息。按照信息的认识层次可分为语法信息、语义信息和语用信息。按照信息的作用和地位可分为有用信息、无用信息和干扰信息。研究信息的目的，就是要准确把握信息的本质和特点，以便更好地利用信息。

我们生活在一个信息爆炸（Information Explosion）的时代。每时每刻，各种信息都在以不同的方式传播。就像生命无法离开空气一样，人类一刻也离不开信息的传播。随着科学技术的飞速发展，信息传播的途径和方式日益多样化，信息传播的速度、广度和密度也不断上升。自觉与不自觉之间，我们每一个人既接受信息也传播信息。我们既是信息的终点也是信息的来源。人类之间的信息传播塑造了我们的生活，也塑造了我们的认识。

信息的传播离不开信息的传播者、受众、信息、媒介、反馈等要素（甘布尔等，2005）。这些基本要素组合在一起便构成了信息传播的过程。传播者又称为信源，是信息的来源、信息传播的发出者。受众指的是信息的接收者和反应者，是信息传播的目标和中心。信息是由一组相互关联的符号组成，能够表达某种完整意义的信息，是传播者和受众之间社会互动的介质。媒介是传播活动中所凭借的物质手段和技术。反馈指的是受众对接收到的信息所做出的反应，也是受众对传播者的反作用。这五种要素是信息传播过程得以成立的基本条件，在任何一种人类信息传播活动中都是缺一不可的。

二、信息的传播模型

信息传播过程看似很简单，可以用一个简单的流程图加以描述，即：信源→信道→信宿。其中，“信源”是信息的发布者；“信道”是信息的传播通道；“信宿”是信息的接收者。但是，信息的传播远不止这么简单。信息的传播是一个复杂的信息流动与分享过程，涉及传播者、资讯、媒介、噪音、语境、反馈等诸多要素。这些要素组成了信息传播特有的传播模型。

模型是对某一事物或实体进行的一种直观简洁的描述，是用简单方式对复杂现象的模拟和类比。通过信息传播模型，我们可以比较清楚地理解信息传播的结构和过程，了解各个传播要素之间的相互关系。长期以来，许多学者对信息传播模式进行了研究，提出了一系列传播理论，建立了多种信息传播模型（吕杰等，2007），如拉斯维尔提出的“5W”模型、奥斯古德和施拉姆提出的循环模型、纽科姆提出的“ABX”社会心理模型、马莱茨克提出的大众传播场模型、罗杰斯和休梅克提出的创新扩散模型等（以上五种经典信息传播模型参见附录七）。

以上五大模型试图通过透视几种传播元素来回答、解释所有的传播问题和传播现象，因而常常顾此失彼，出现片面性。在衡量了西方种种信息传播模型后，我国著名的信息传播学专家邵培仁（2002）提出了信息传播整体互动模型，如图 3 所示。这一模型对人类所有的信息传播现象做了全面而综合的呈现，包括人际传播系统、大众传播系统和网络传播系统，还包括构成传播过程的四大圈层因素，即核心要素、次级要素、边际要素和干扰要素。

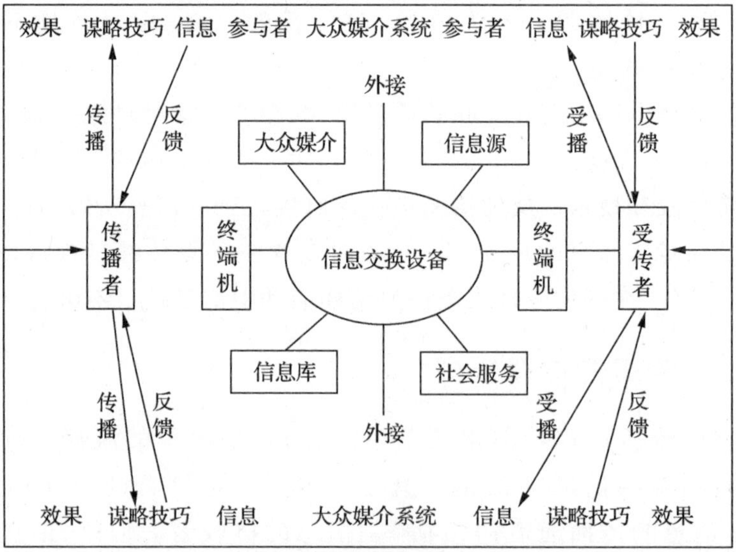

图 3　邵培仁信息传播整体互动模型

三、同传信息的传播模型

在大多数情况下，同声传译是通过特定的会议设备来完成的。译员坐在口译厢（一般放置在会场的后部，也有临时搭建的）里，通过耳机接听发言人经由麦克风发出的讲话内容，随即通过麦克风把来源语发言人的讲话内容用目标语传达给会场里的听众。会场里的听众一般有两类：一类是能听懂来源语发言人的来源语听众，他们从发言人那里直接获取信息；另一类是依赖同传的目标语听众，他们从同传译员那里间接获得信息，如图 4 所示。

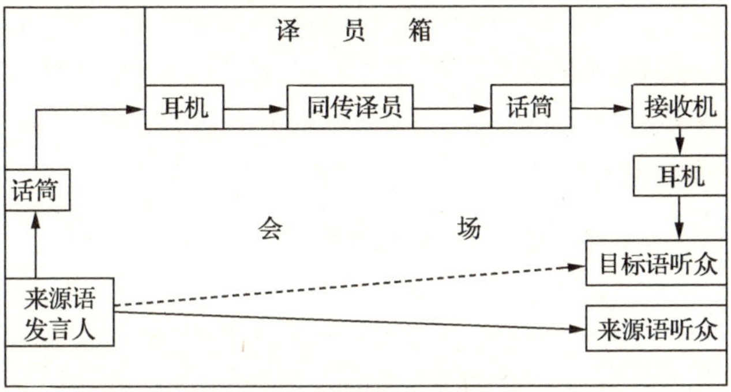

图 4　同声传译信息传播会场模型

口译其实是一个语际间的信息传递过程。其中对信息源的接受是整个传递过程的第一步。就同传译员而言，信息的来源就是发言人。发言人的讲话通过麦克风和耳机传到译员耳朵里，从而完成信息传递的第一步：信息接受，其中，讲话人是信息源，麦克风和耳机是信息的传播途径，译员是信息的接受者。

以来源语形式出现、由发言人发出的信息一旦进入译员的耳朵，译员的大脑便立即开始高速运转对所接受到的信息进行解码加工并转换成另一种语言代码，从而为目标语信息的输出做好准备。这便是同传信息传递的第二个阶段：信息转换。信息转换其实是一个译员的思维认知过程，也是整个信息传输过程中最复杂的过程。通过对口译工作过程的观察，我们发现译员的思维过程可以分解为以下四个基本步骤：听解、记忆、转换和表达（王斌华，2006）。

来源语信息经过听解、记忆、转换和表达思维过程后，译员随即通过麦克风把来源语发言人的讲话内容用目标语传达给听众。这便是同声传译信息传递的第三阶段，即信息输出。听众则利用同传接收机选择所需要的语言频道并通过耳机收听同传信息，接受翻译服务。在这个过程中，译员代替发言人成为信息源，麦克风和耳机依然还是信息的传播途径，但是传播途径多了一项信息接收装置，听众是信息的接受者。

综上所述，同声传译涉及发言人、译员、听众三个群体以及麦克风、耳机、接收机等信息传输设备。发言人和听众之间有一座由译员、麦克风、耳机和接收机搭建起来的桥梁，其中译员处于中心环节，需要通过听解、记忆、转换、表达等一系列复杂的思维过程完成对来源语信息的加工。发言人的信息正是通过这座桥梁传到听众耳朵里的，如图5所示。

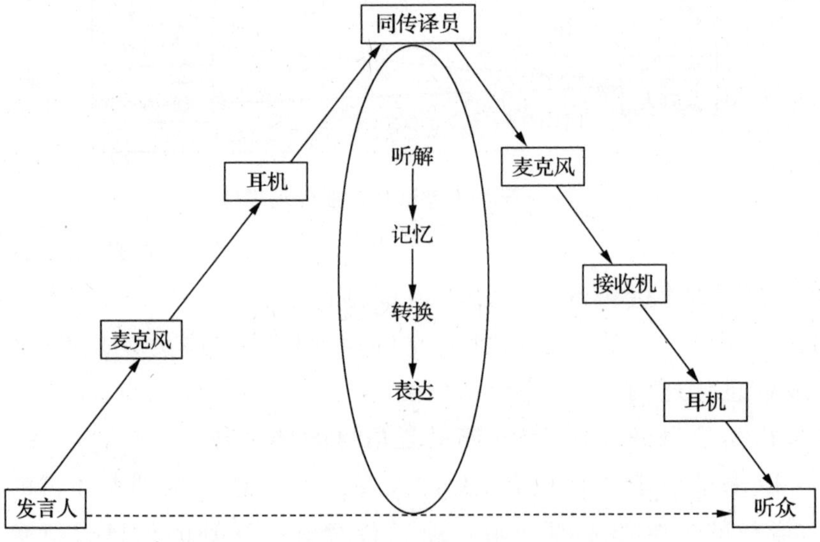

图5　同声传译信息传播三角模型

由于同声传译是一个由发言人到译员再到听众的信息传递过程，同声传译的信息传播要经历两个阶段，其来源有两个：一个是以来源语言形式存在、由发言人发出的信息，另一个是以目标语言形式存在、由同传译员发出的信息。对于同传译员和不需要依赖同传译员的听众而言，发言人是信息的来源。对需要依赖同传的听众而言，同传译员则是信息的来源。

然而，在真实的同声传译会场，信息的传递并非如图 4 和图 5 那么简单明了。真实的情况要复杂得多。事实上，在使用同传服务的会议中，信息的来源和发送均是发言人，但是信息的接受者分为两类：一类是包括译员在内的来源语听众，他们直接从发言人那里接收第一手信息，即来源语信息；另一类是依赖同传或想听同传的目标语听众，他们接收的同传译员加工处理过的二手信息，即目标语信息。根据传播学原理，不管是来源语信息还是目标语信息，在传递过程中始终伴随着各种信息的干扰因素，即噪音（Noise），如图 6 所示。

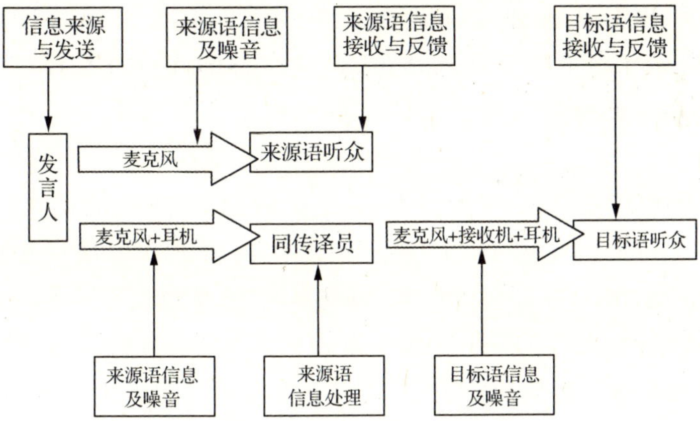

图 6　同声传译信息传播噪音模型

第三节　同传译员的认知过程

口译研究始于 20 世纪 50 年代。当时少数职业译员对口译实践进行了内省式的回顾和总结，得出了一些具有个人体验色彩的初步理论认识。到了 20 世纪 60 年代，研究人员发现，口译是一种非常复杂的思维认知活动。于是，口译研究进入了认知心理学范式。他们针对口译过程、噪音干扰、信息处理等问题提出了一系列解释模型和研究假说。其中，比较有代表性的有巴黎释意学派提出的口译过程三角模型、吉尔提出的多任务处理模式以及安德逊提出的三段式认知模式。受以上三个模式的启发，结合同传的信息传播模式，笔者在本节也提出了一个同传译员的认知思维模式。

一、巴黎释意学派三角模型

巴黎释意学派(The Interpretive School of Translation Theory)诞生于20世纪60年代末的法国，其核心人物是巴黎高等翻译学校首任校长、著名口译专家、国际口译工作者协会创始人之一塞莱斯科维奇(Danica Seleskovitch)以及她的学生、巴黎高等翻译学校校长的继任者勒代雷(Marianne Lederer)。在这两位教授的带领下，巴黎高等翻译学校一批老师组成了一个以口译研究为主的研究团体。该团体在从事翻译实践和教学的同时积极开展口译理论研究，总结提炼出一整套独具特色、日臻完善的解释性翻译理论。这套理论后来被命名为释意理论。这批研究人员也因此统称为巴黎释意学派。

根据现任教于深圳大学的张吉良教授(2010)的研究(《巴黎释意学派口译理论研究》)，释意理论在其诞生和发展过程中有以下几个标志性的事件：1968年，塞莱斯科维奇撰写的《国际会议口译——言语与交际问题》正式出版；1973年，塞莱斯科维奇完成了她的博士论文《交传笔记机制研究》并在两年后出版；1978年，勒代雷完成了她的博士论文《同声传译——理论与实践》并于1981年出版；1984年和1989年，塞莱斯科维奇和勒代雷合作分别出版了《释意翻译》和《口译系统教学法》；1994年，勒代雷发表了释意学派口译理论的集大成之作——《当代翻译——释意法》。该书的汉译名为《释意学派口笔译理论》，由刘和平翻译，2001年由中国对外翻译出版公司出版。该书的出版标志着释意理论最终走向了成熟。

释意学派最具代表性的成果就是提出了口译认知过程的三角模式(Triangular Model)。作为职业口译员，塞莱斯科维奇及其同伴坚信：口译是一种交际活动，其对象是讲话人的欲说之言——意义(Sense)，而不是充当意义载体的语言结构本身，对意义的理解有赖于译员的认知补充。塞莱斯科维奇指出，口译不是一种语言符号的转换活动，而是一个意义的理解与再表达过程，它包括理解、意义与语言形式分离、重新表达三个步骤，口译过程可大致划分为语音感知、迅速抛弃语言外壳保留信息的思维表征、用目的语表达三个程序。塞莱斯科维奇把口译过程分解为理解、脱离来源语语言外壳（Deverbalization）和重新表达三个步骤，并给出了一个很直观的三角模型，如图 7 所示。

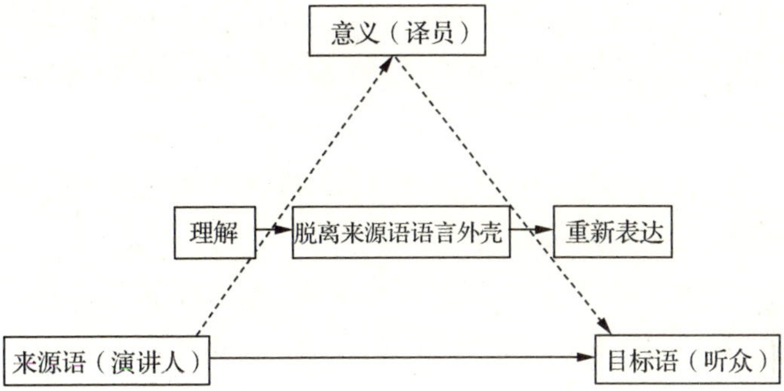

图 7　巴黎释意学派三角模型

二、吉尔多任务处理模式

丹尼尔·吉尔（Daniel Gile）是法国第三大学高级翻译学院的教授，长期从事口译实践和教学研究，成绩斐然，是世界公认的最顶尖口译研究学者之一。其代表作《口笔译训练的基本概念和模型》（Basic Concepts and Models for Interpreter and Translator Training）早在 1995 年便由本雅明（John Benjamins）公司出版。2011 年，上海外语教育出版社引进出版了该书的最新修订版，由现任上海外国语大学高级翻译学院院长柴明颎导读。这是一本集中了吉尔教授长期专业口笔译教学和研究经验的专业教学专著。

全书除绪论部分外，共分口笔译培训中的理论组成、口笔译中的交际和质量、口笔译中的准确性、口笔译中专业话语的理解、翻译的渐变模型、口笔译专项知识习得、口译中的精力分配模型、面对和应对口译过程中的问题、语言可用性和它对会议口译的影响、IDRC 框架等十章。该书的出版为我们的专业翻译教学界注入了专业翻译的国际理念，其中吉尔教授针对口译的两种工作方式提出的“精力分配模式”(Efforts Model)是具有里程碑意义的口译研究成果,该模式在很长一段时间里一直影响着国内的口译教学和研究。

吉尔提出的精力分配模式也叫多任务处理模式。吉尔(2011)认为,口译过程涉及译员的听辩、记忆、笔记、表达、协调等任务,译员需要在这些任务中合理分配自己的精力。就同声传译而言,涉及译员的听力与分析(Listening and Analysis Effort L)、短期记忆(Short-Term Memory Effort M)、言语传达(Speech Production Effort P)、协调(Coordination Effort C)等四项任务。吉尔将同传译员的这个心理认知过程表述成一个数学等式,即 SI = L + M + P + C。这便是著名的同声传译模式。

另外,吉尔(2011)将交替传译分解为两个阶段(Phase),即:交替传译(第一阶段) = 听力与分析(Listening and Analysis) + 笔记(Note-Taking) + 短期记忆(Short-Term Memory) + 协调(Coordination);交替传译(第二阶段) = 记忆(Remembering) + 读笔记(Note-Reading) + 传达(Production)。如果将两个阶段合二为一,交替传译的过程可以表述为:CI = (L + NT + M + C) + (Rem + NR + P)。这便是交替传译模式。由于这两个模式是丹尼尔·吉尔提出来的,口译界将它们统称为吉尔模式。

三、同传译员认知思维模式

根据语言心理学家和认知语言学家的实验分析研究,安德逊(Anderson)认为,口译过程需要经历从思维到话语的三段式认知程序模式:第一阶段为确定要表达的思想,是思维构建阶段;第二阶段为将思想转换成言语形式,属于思维转换阶段;第三阶段是将言语形式加以表达,进入思维外化阶段(刘和平,2005)。安德逊这个言语生成的三段式认知程序模式,可以作为翻译的语言生成模式的认知依据。确定要表达的思想,目标是把握来源语篇的全部意义:关键在整体理解;将思想转换成言语形式,目标是将来源语篇意义转换成目标语篇形式:关键在寻求对应;最后将言语形式加以表达,目标是将目标语篇言语形式表现为为交流目的服务的翻译行为:关键在操控译文/译语(刘宓庆,2004)。

通过对口译员工作过程的仔细观察,我们也发现,口译的基本过程可以分解为以下四个步骤:听解(Listening)、记忆(Memory)、转换(Transfer)和表达(Production)。在实际工作中,口译具有很强的即时性,以上四个步骤其实是在极短的时间内完成的。由于同步性要求,对于同传译员而言,它们几乎是在同时完成的,因此译员需要在这四个任务中合理分配自己的精力。

听解(L)是同传译员在现场工作时的第一个思维活动。听解是同传译员获取信息的过程,是译者感知语音信息并把它转化为交际信息的过程。同传译员的听解不是一种被动接受的过程。相反,同传译员的"听"是一种"积极的听",包含译员的分析、归纳等思维活动,既有"听"的成分也有"解"的因素。因此,同传译员的听解可分为来源语信息听入和利用语言知识和言外知识对信息进行分析理解两个阶段。

完成了信息的听解后,同传译员还需同时对这部分信息进行语言转换(T)。这是同传译员思维过程的关键一步。语言转换是一个复杂的心理过程。根据针对第二语言习得的相关研究,外语学习者的语言转换过程可分为三步进行,即:选用外语作为表达语言,检索大脑中的相关信息,将此信息与所需的外语形式联系起来。口译中的语言转换一般是随着译员在来源语听解和记忆过程中第一个意群的输入开始的。语言理解具有立即释义的特征。译员在听到一个单词后,释义就已经开始,不必等到听完整句话。这一特征使得语言转换有可能从第一个单词的理解完成之后立即开始。事实上,很多同传译员就是在现场边听边译中完成语言的转换的。由此可见,同传的语言转换过程始于听解过程,一直持续到口译表达过程的结束,贯穿整个口译过程。

表达(P)是译员思维过程的最后一步,也是思维的最终产品和结果。译语表达的质量和效果直接关系到口译任务是否完成。译员的表达是依赖口译听众的信息来源,因此译员的表达水平往往是听众评价译员表现的唯一依据。就同传而言,表达的效果取决于译员的语言表达功底。译员对语言的掌握越娴熟,处理表达的任务越轻松，表达的质量也越高。对同传译员而言，由于表达几乎与听解、转换等其他思维活动同时进行，译员在表达时极其容易受到来源语语言的干扰，而且还需要同时完成源源不断进入耳中信息的理解和转换，同传译员需要使用一些诸如"顺句驱动"、"超前预测"的表达技巧。此外，还可以用到一种"模糊表达"的技巧。关于这三种技巧的具体运用，请参阅本书第四章。

值得特别注意的是，在听解、转换和表达过程中，记忆（M）始终伴随左右。实际上，译员的记忆在整个思维认知过程中处于核心地位。没有记忆，根本谈不上听解和转换，更谈不上表达。由此可见，口译员在训练过程中应特别重视记忆训练。关于口译的记忆训练，国内有不少学者著书立说。笔者在这里向大家推荐一位年轻的口译研究学者、现任教于北京理工大学珠海学院的吴文梅老师。吴老师（2011）运用认知心理学（包括记忆心理学）和心理语言学的相关理论提出了口译记忆训练模型，即 APEC Model（参见附录八）。

记忆是对经历过的事物能够记住，并能在以后再现或在它重新呈现时能够再认识的过程，包括识记、保持、再现三个方面。在口译过程中，译员首先通过听辩接受信息并通过分析对信息进行解码，这其实是信息识记的过程。然后，译员将信息储存在大脑里，这是属于记忆的第二步，即：信息保持。接着，译员对信息进行重新编码为译语输出做好准备，这一过程相当于信息再现。由此可见，口译记忆也包括识记、保持、再现三个步骤。对同传译员而言，这三个记忆步骤几乎是同时完成，先后时间差极短。

根据认知心理学的研究成果，在记忆与提取信息的整个系统中存在着三种不同记忆机制，即：感觉记忆（Sensory Memory）、短时记忆（Short-Term Memory）和长时记忆（Long-Term Memory）。这三种记忆机制也被认为是信息加工过程的不同阶段，其区别不但在于存储信息的多少和存储时间的长短，而且在于其不同的加工方式。进入长时存储的记忆首先经过感觉记忆和短时记忆。感觉记忆收集信息，筛选出值得注意的部分并进行编码存储。短时记忆继续对信息进行处理，并向长时记忆输入部分信息。在长时记忆中,信息被编码后进入长期存储,可以随时提取。

对口译而言,这三种记忆机制都在起作用:译员通过感觉记忆准确快速地获取现场发言人的言语信息;经过筛选和分析后,信息意义进入短时记忆,供译员在工作现场使用;长时记忆则是译员的经验和知识库。但是由于口译的现场性和即时性特点,译员在现场口译过程中,主要运用的是"感觉记忆"和"短时记忆"。在同声传译中,译员甚至还得有意识地忘记以减轻记忆的负担,因此同传译员难以做到让信息进入"长时记忆"。但是,这并不意味着长时记忆对于同传译员不起作用。事实上,长时记忆中的经验和知识库的激活有利于现场信息的分析、综合和转换。

综上所述,同传译员的思维过程主要包括听解(L)、转换(T)和表达(P)三个阶段,外加始终贯穿其中、处于核心地位的记忆(M)。从表面上看,译员的信息处理过程是由听解到表达的过程(笔者用虚线箭头表示)。事实上,在这个过程中需要经历一个十分重要的阶段,即:转换。另外,无论是在听解过程中,还是在转换和表达阶段,译员的记忆始终发生作用(笔者将记忆置于同传译员思维认知过程的中心并用灰色标注)。这四个任务处理的对象都是来自发言人的来源语信息(SLM)以及噪音,处理之后的结果便是以目标语形式呈现给听众的目标语信息(TLM)以及信息噪音(Information Noise),如图 8 所示。

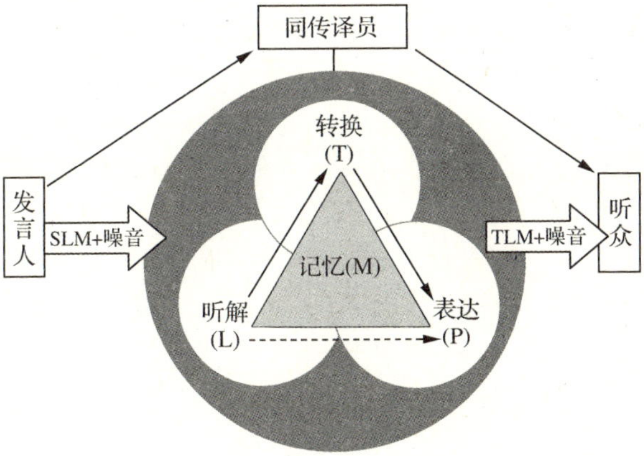

图 8　同传译员认知思维模式

参考文献

[1] 蔡小红. 口译评估[M]. 北京:中国对外翻译出版公司,2007.
[2] 吕杰等. 传播学导论[M]. 北京:科学出版社, 2007.
[3] 维纳等. 控制论[M]. 北京:北京大学出版社, 2007.
[4] 甘布尔等. 有效传播(第7版)[M]. 北京:清华大学出版社, 2005.
[5] 邵培仁. 传播学[M]. 北京:高等教育出版社, 2002.
[6] 王斌华. 口译:理论·技巧·实践[M]. 武汉:武汉大学出版社, 2006.
[7] 张吉良. 巴黎释意学派口译理论研究[M]. 上海:上海外语教育出版社, 2010.
[8] 吉尔. 口笔译训练的基本概念和模型[M]. 上海:上海外语教育出版社, 2011.
[9] 刘和平. 口译理论与教学[M]. 北京:中国对外翻译出版公司,2005.
[10] 刘宓庆. 口笔译理论研究[M]. 北京:中国对外翻译出版公司,2004.
[11] 吴文梅. 交替传译短时记忆训练模式 APEC Model 构建及应用[D]. 广东外语外贸大学, 2011.

第三章　同声传译的问题诱因

导读

同声传译是一门十分复杂、充满挑战的年轻职业。从同传的工作过程中不难看出，同传的信息传递涉及来源语发言人、同传译员和目的语听众以及话筒、耳机、信号接收机等信息传输和接受设备。其中任何一个环节都有可能影响信息的传输，从而成为同传质量的问题诱因。本章的贡献在于试图通过对同声传译的信息噪音、译员能力以及用户期待的分析，从信息源头、信息处理以及信息终端三个地方寻找到同声传译的问题诱因，从而为本书第四章有关同传策略的分析提供理论依据。

思考题

1. 传播学中的噪音是如何界定的？它有哪几种存在形式？同声传译在信息传递过程中的不同噪音形式是如何产生的？

2. 同传译员在信息传播过程中扮演着哪种具体的角色？译员的口译能力主要由哪些因素组成？同传译员的职业素养应包括哪些方面？

3. 根据菲利普·科特勒的产品层次学说，口译产品可以分为哪几个层次？跟一般产品相比，口译的期待产品有何不同？

第一节　同传过程的信息噪音

在传播学中，任何扰乱或歪曲信息发出和接受能力的事物统称为噪音（甘布尔等，2005）。作为信息传播的特殊形式，同声传译的工作过程同样存在各种形式的噪音。正因为种种噪音的存在，同传译员有时并不能完全领会讲话人的意思，从而导致信息传输不通畅。传播学中的噪音一般分为物理噪音（physical noise）、语义噪音（semantic noise）和差别噪音三种（许静，2007）。这三种噪音正好跟吉尔（2011）谈到的同传问题诱因相吻合，即：现场环境、信息密度和文化差异。本文将同传过程中导致译员未能正确理解和接受来源语信息的因素统称为信息噪音，因为同传是一种信息传递行为，不管是哪方面的噪音干扰，无论是物理方面的，还是语义层面的，或者是文化层面的，它们所干扰的最终结果都是信息传递质量的受损。

一、现场环境与物理噪音

物理噪音来自外部环境，也叫外部噪音，指的是现场环境中影响信息传播的景象、声音和其他刺激物，如各种机器产生的轰鸣声以及现场观众发出的嘈杂声等。这种噪音往往会吸引信息传播者的注意力，导致他们偏离所说和所做的内容，从而影响甚至阻碍信息的传播。物理噪音在同传过程中是一种十分常见的噪音形式。这一点很容易从同传译员的现场工作环境得到证实。

工作状态的同传译员坐在狭小的同传箱里，一面通过耳机收听来源语发言人连续不断的讲话，一面对着话筒几乎同步地把讲话人所表达的全部信息准确、完整地传译成目的语，再通过话筒输送到听众耳中。由此可见，同传译员的现场工作环境是受到很大限制的，译员在一个狭小的译员箱里借助特殊的机器设备工作，机器长期使用散发出来的热量以及运转时的轰鸣声、耳机对译员造成的不适感、演讲人的口音以及现场观众发出的嘈杂声都会影响译员的发挥。这些正是同传过程中最常见的物理噪音表现形式。

根据同声传译的职业规范，同传译员的工作环境要求绝对安静、不受干扰。物理噪音的存在显然对同传译员不利。受工作环境的影响，译员无法保持最佳的工作状态，译文质量自然会打折扣。因此，同传的雇主应设法提供更好的设备、尽量保证同传工作间的安静和舒适，尽最大努力减少物理噪音。然而，同传译员经常不得不面对一些年久失修、非常老套的设备。有时，同传室就摆放在会场中间，译员不仅要摆脱现场的噪音干扰，还要面对不少好奇人士的“偷窥”。由此可见，译员在平时的训练中也应增加抗噪音和抗干扰训练（比如，听一些带嘈杂背景声的练习材料），力争做到忘我的工作状态。

二、信息密度与语义噪音

语义噪音是由特定符号和行为引起的无意识现象，使传播参与者注意力偏离另一个人所说的内容（韦尔德伯尔等，2008）。就语言传播而言，语义噪音是由信源的词语和语篇意义造成的传播阻碍，比如译员对充满技术词汇或语速飞快的演讲往往会有理解上的困难。工作状态下的同传译员需要对源源不断的各种语义信息进行现场处理，其中既有术语也有数字，既有天文也有地理，既有带稿发言也有现场讨论，其语义信息的广度和密度可想而知。一旦信息密度（Information Density）和广度超过了译员的处理能力，这些原本丰富的语义信息到了译员耳朵里就会变成毫无意义的噪音。因此，语义噪音也是影响同传质量的重要因素之一。

雇佣同传译员的场合大都以国际会议为主，讲话人一般都有讲稿，而且经常会出现项目列举、长串数字、成语习语、专业术语、诗句诗行、生僻词汇等，讲稿内容涉及的话题也五花八门，包括政治经济、文化体育、环境卫生、自然灾害、科学技术等。另外，由于时间限制，讲话人要么采取提高语速，要么采用浓缩提炼的办法完成讲话内容，有时甚至脱稿即席发言。这无疑提高了来源语的语义信息密度和不确定性，译员往往会不堪重负，从而偏离演讲人的内容，来源语中的部分语义信息便可能变成噪音，传译中出现信息流失、表达中断、语流不畅等现象就在所难免了。

语义噪音是诱发同传质量问题的主要因素。减少语义噪音是同传译员的最大挑战。这要求译员提前熟悉相关术语和背景、提前接触发言人并了解其表达风格。由此可见,译前准备对于同传译员十分重要。准备包括长期准备和短期准备。同传是一个终生学习的过程,译员在平时应特别注意各种词汇的收集,关心各种事件,不仅要做到"know everything of something",更要做到"know something of everything"(既要成为某个领域的专才,更要成为知晓各个领域的通才)。另外,一旦任务来了就一定要认真做些针对性的准备。丰富的背景知识能有效减轻译员的语义理解负荷从而达到降低语义噪音的干扰目的。

三、文化差异与差别噪音

社会传播中的第三种噪音是差别噪音,即:由于传播参与者之间的社会地位、性别、职业、政治、专业背景等差别因素所造成的传播失效。差别噪音也叫内部噪音(Internal Noise),其产生跟传播者个人的内部思想和情感密切相关(许静,2007)。就同传而言,译员的内部思想和情感差异主要体现在文化方面。如果缺乏足够的跨文化意识,译员对于来源语中的文化信息便无法正确把握,译文质量势必受到影响。我们不妨将同传中由跨文化差异引起的信息传递不畅现象称为文化噪音。例如,如果译员对"Exporting to some countries is greatly complicated by all of the red tape."中的"red tape"(繁文缛节)缺乏足够文化认知,那么"red tape"就很有可能变成噪音,从而影响整个句子的传译。

翻译是设法将来源语所传递的信息用目标语表达出来的跨文化交际行为。无论是何种语言组合的翻译活动,信息转译过程中都或多或少存在文化方面的差异。这种差异在英汉同传中表现得尤为明显。汉语和英语分别属于两种不同的语系,前者属于汉藏语系,具有典型的东方文化特质,后者属于印欧语系,带有独特的西方文化特征。两种语言的巨大文化差异无疑加大了传译的难度。对一个带有明显文化特征的来源语信息,译员在短时间里往往难以做出正确的判断,结果传译出去的信息可能被目标语听众误解,导致传播失效。

翻译是一项跨文化的交际活动,译员的任务就是为交际双方搭建一座沟通的桥梁,减少双方的误解。为了减少文化差别噪音的产生,译员在平时的训练和学习过程中也应有意识增加跨文化交际知识的学习和积累,尽量熟悉各个国家和民族的基本文化习俗,特别是要了解它们与中国传统文化之间的差异。作为一名同传译员,更应该对本国和本民族的文化有一个全面的认识,切不可只关注外国的文化而忽略了本国的文化。

信息噪音是同声传译过程中无法回避的因素。然而,面对噪音,我们并非无能为力。例如,面对现场产生的物理噪音,译员除了加强自身的抗干扰训练外,还可以要求活动组织者改善工作环境,提供高质量、人性化的设备,要求听众关闭手机等电子设备并保持安静等。对于语义和文化噪音,除了加强译员自身的语言训练和跨文化意识培养外,掌握一定的应对策略也能有效降低噪音干扰、提高译文质量,如:有效预测、顺句驱动、模糊表达等(本书第四章将结合案例详细分析这几种策略)。

第二节　同传译员的口译能力

除了"高收入"外,同声传译也是一门极具挑战性的高难度、高强度、高风险的"三高"职业。译员不仅要对于自身在交际过程中所扮演的角色有一个明确的定位,更要充分认识自己所应具备的职业能力要求。根据吉尔(2011)的多任务处理模式,同传要顺利进行,译员所具备的对各项任务的处理能力(CA)必须大于或等于各项任务所需要的处理能力(CR)即:$CA \geq CR$。如果CR超过CA,译员便无法胜任传译工作,译文的质量也就无法保障。由此可见,译员的口译能力是决定同传任务能否顺利完成的关键。

一、口译员的角色界定

从事口译工作的人叫做译员。长期以来,译员角色一直与信使、向导、谈判者等中介身份联系在一起。直到20世纪,随着口译职业化进程的稳步推进，译员角色才有了更加明确的规定，使得译员角色问题变成了口译职业行为准则和道德规范不可分割的一部分，引起了口译界研究人员的注意。但是，最初的研究者大都将译员置身于“非人”的地位，把译员的作用比作一部会说话的机器（波赫哈克，2010）。

事实上，译员的口译活动不是一种机械地将信息的来源语符号转换为目标语符号的语言转换活动，而是一种积极地、始终以交流信息意义为宗旨的、具有一定创造性的服务活动。因此，口译不是孤立地以词义和句子意义为转换单位的单一性语言活动，而是兼顾交际内容所涉及的词语意义、话语上下文意义、言外寓意、语体含义、体语含义、民族文化含义等信息的综合性语言交际服务活动。从这个意义上说，口译不仅仅是语言活动，而且还是文化活动、心理活动和社交活动。这些活动的执行者便是译员。译员用自己的声音去完成这项跨语言、跨文化的社交服务工作。

作为服务人员，译员要有服务意识。多数译员都具有较强的语言功底，但是口译是利用语言为听众和发言人服务，而非卖弄语言。在保证口译质量的同时，口译员要充分考虑被服务人员的需要。口译的目的是促进交流，如果将口译员比作一个厂家，那么现场口译就是译员的产品。如果你的产品不能为客户所接受，翻译出来的话不能让别人听懂，何谈交流可言，只能是失败的孤芳自赏。因此，判断口译的好坏，不能只以语法是否正确，用词是否漂亮为标准，更要看对听众是否一听就懂。不管用词多么漂亮，如果翻译出来的话别人听不懂，条理不清晰，就起不到翻译应有的服务作用。

不论何种场合，不论是受雇于何方，译员总是在帮助与会双方跨越语言和文化障碍，实现有效沟通。因此，不论从何种角度去定位译员，译员的第一角色永远是为沟通服务，为会议的顺利进行服务。在会议进行中，与会人员翘首以待译员译文的产生，译员瞬间成为场上的焦点。但是，不管如何被聚焦，译员永远不能成为第一焦点，而是在自己翻译后，能够将焦点第一时间引向相应的发言人。译员在翻译时不要掺杂过多的形体语言，手舞足蹈，让别人只记住了你的动作，而忽略了你的翻译，让你成为与会人员谈论的焦点。译员要成为会场上有形的隐身人，沟通无处不在，身影无处存在。不能喧宾夺主，作为会议这场大戏的参演人员，要以配角的充分演绎来凸显发言人这一主角的形象，要以幕后人员的心态去演绎幕前的精彩。

二、口译能力的构成

口译是一种综合性的语言操作和交际服务活动，对译员的素质和能力要求很高。国际会议口译员协会在其章程中对会议口译员的能力有明确的规定：会议口译员是一名合格的双语或多语交际专家；除了对会议主题和术语做好充分的准备外，会议口译员还必须拥有应对各种会谈话题的广泛知识面；另外，会议口译员还应遵守职业道德，保守秘密。

口译能力（Interpreting Competence）指的是译员完成口译工作所需要的内在知识和技能体系（王斌华，2013）。口译能力关系到译员能否完成任务，但是口译界尚未就口译能力的构成要素达成一致意见。国内口译研究人员比较认可的观点是：口译能力的构成主要包括三大支柱，即：双语能力、言外知识和口译技巧。巴黎释意派的代表学者塞莱斯科维奇认为，口译能力的基本支柱包括四个模块，即：双语能力、个人的社会和文化积累、百科知识、专业知识。不管是三大支柱还是四个模块，它们似乎都在强调口译员的智力因素和要求，忽略了非智力因素。

事实上，口译过程不仅涉及译员的智力因素，还涉及非智力因素。现任教于香港理工大学的王斌华（2013）老师认为，口译能力＝智力因素模块＋非智力因素模块，其中口译的智力因素模块包括语言能力（双语的听、说、读、写能力、语言分析综合能力、口头表达能力）、知识储备（百科知识、专题知识）和口译技能（口译技巧、翻译转换能力），非智力因素模块包括心理素质（良好的记忆力、意志力、快速反应力、处变不惊的能力、跨文化意识）、身体素质（能进行长时间高强度脑力工作）、职业素质（工作态度、责任心、职业道德）。

通过对口译能力的分析，王斌华在其博士论文《口译规范的描写研究》中提出了译员能力的概念，并将译员能力界定为：从事口译职业需具备的内在知识和技能体系以及职业技能和身体/心理素质。西班牙巴塞罗那自治大学"翻译能力习得过程及评估"专项研究小组指出，能力（Competence）包括知识（How）、技能（Know-How）和素质（Know How to Be）三个方面。在此基础上，王斌华具体分析了译员能力的构成要素，如图 9 所示。

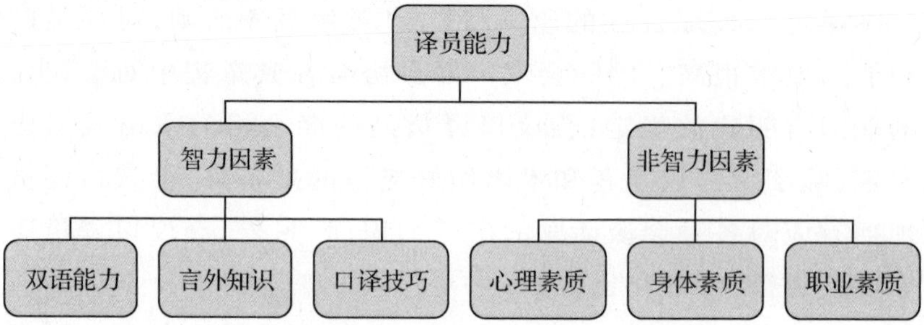

图 9 译员能力结构图

口译是一种复杂的认知活动，译员能力的获得也是一种心理认知过程，通常要经历三个阶段，即：认知阶段（Cognitive Stage）、联系阶段（Associative Stage）和自动化阶段（Autonomous Stage）。译员能力的智力模块和非智力模块随着口译学习和实践不断发展，先后都要经历认知、联系和自动化的过程，如图 10 所示。

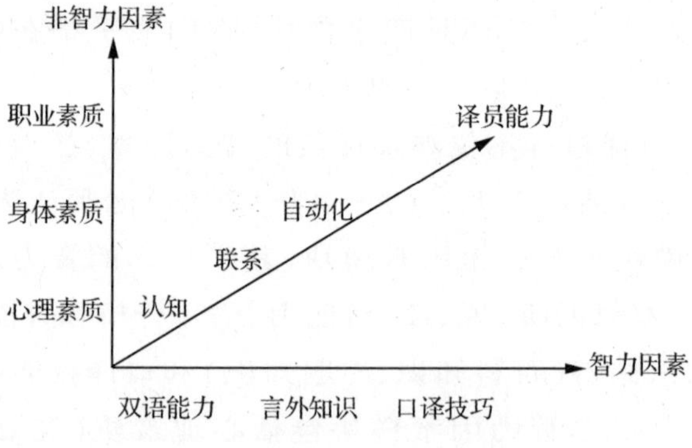

图 10 译员能力发展过程路线图

三、同传译员的职业素养

作为一门职业，同声传译对译员的个人素质要求很高。并非人人都能成为合格的同传译员。那种认为只要会讲两种语言就能充当同传译员的观点是完全错误的。一般来讲，同传译员需要接受非常苛刻的魔鬼式职业化和专门化训练，并在语言功底、口译技巧、百科知识、心理素质、团队精神、职业道德等方面具备相应的职业素养。

第一，语言功底。同传译员是在不同语言之间进行转换的人，深厚的双语功底是译员赖以工作的必要条件。这种双语能力一方面表现在对词汇、句子结构和语法知识的掌握，另一方面体现在对两种语言所承载的文化内涵的了解。没有扎实的双语语言文化能力和流畅的口头表达能力，是不可能完成同声传译工作的。因此，同传译员应具备良好的双语听说读写能力以及跨文化交际能力。

第二，知识底蕴。多项研究表明口译员的知识储备与口译质量成正比。国际会议所涉及的主题多种多样，而且大多是某一领域的最新发展，这就要求同传译员具备丰富的百科知识和跨文化知识，而且最好具备某些特定领域的专业知识，做到"Know something about everything and know everything about something"（既是通才又是专才）。与此同时，译员还应该具备快速学习和获取新知识的能力，要有强烈的求知欲和好奇心。

第三，口译技巧。长期以来，人们对口译存在误解，认为能说外语的人就能做口译，甚至同声传译。如果是这样的话，我们就不会缺少口译员了。我们国家有大量英语和汉语都很好的人，但是他们不一定能承担口译工作，同声传译就更不用说了。事实上，口译是一项专业技能，必须经过专业培训，同声传译更需要有针对性地开展听辩、记忆、转换、表达、临场应变等技巧的专门培训。

第四，心理素质。同声传译是一项压力巨大、充满挑战的工作，同传译员经常都是在精神高度紧张的状况下完成任务的，而且长时间无法休息。初涉译坛的译员常常会觉得心发慌、嘴发紧、舌打结，经常卡壳。要想顺利完成任务并让发言人、听众、主办方以及自己满意，同传译员必须具备过硬的心理素质和超强的抗压能力，处变不惊，能从容应对会议现场的各种突发状况。

第五，团队精神。由于同声传译工作的特殊性和高强度性，一个人一般难以承担整个会议的同传工作。因此，同传工作一般都是由 2 至 3 人一组以团队形式共同完成，团队中每个成员轮流负责一部分内容的翻译任务。由此可见，同传译员除了应具备良好的个人素质外，还要有很好的团队配合意识，互相体谅、互相支持、互相帮助，使小组达到最佳的工作状态。

第六，职业道德。每一门职业都有其职业道德，同声传译也不另外。国际会议译员协会成立之初，就为译员立下了一系列职业道德准则，要求译员在工作中保守秘密、保持中立、保证质量等。译员遵守职业道德不仅是保护客户的利益，也是保护自己的利益。一个违反职业道德、责任心不强、工作态度不端正的译员最终只能被市场淘汰。

以上六方面的职业素养很好地解释了同传译员应具备的综合能力。译员对来源语和目的语的了解情况以及跨文化交际能力的高低、对各种口译技巧的掌握和运用能力、各类专题知识的储备水平、现场工作经验的丰富程度、团队成员的配合程度以及对同传这门职业的认识高度等都直接决定了同传译员的现场表现。一般来讲，译员的综合能力越强，传译的质量就越高，问题就越少。因此，同传译员需要不断学习，长期训练，精益求精。

第三节　同声传译的用户期待

同传是一种跨文化的语言交际服务工作，有其特有的用户对象，如会议的组织者（同传译员的雇佣者）、发言人和听众。他们都希望能得到很好的服务，但是他们对于同传译员的期待侧重点不同，既有侧重于信息忠实的，也有侧重于表达流畅的，还有侧重于交际效果的。这些不同的用户期待同样也会影响同传译员的现场发挥和译文质量。

一、口译的期待产品

产品通常指经由劳动或努力得到的成果或某种过程和行为的结果。被称为现代营销学之父的菲利普·科特勒（2010）在其市场营销学著作中提出，产品既包括有形的实体，又包括无形的服务或利益。因此他将产品分解为核心产品（Core Product）、有形产品（Tangible Product）、期待产品（Expected Product）、延伸产品（Extensive Product）和潜在产品（Potential Product）五个层次，如图11所示。

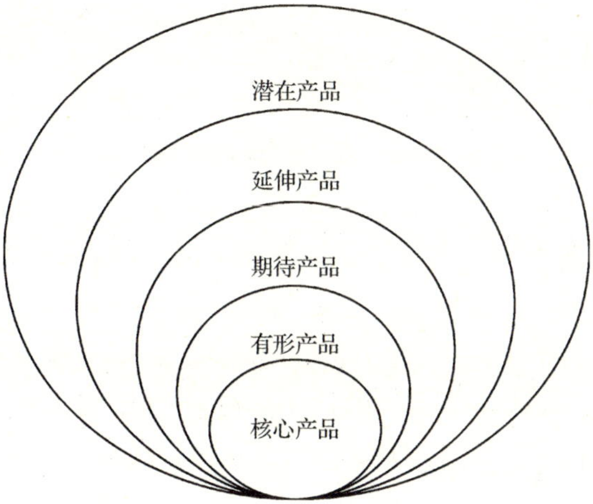

图11　科特勒产品的五个层次

核心产品是指能够满足顾客核心需求的效用，处于产品层次中的最里层。有形产品是产品的核心价值得到体现的基本形式，紧贴着核心产品。期待产品指购买者在购买产品时期待得到的属性，处于五个层次中的第三层。延伸产品指的是提供给顾客的附加产品特性。潜在产品指的是产品特性的未来发展趋势，范围最广，处于产品层次的最外层。

口译是通过译员的劳动完成的，需要译员付出一定的努力。因此，口译也有产品一说。作为无形的专业服务，口译产品符合菲利普·科特勒关于产品层次的定义范围。但是，口译提供的是一种特殊的跨文化、跨语言的交际服务，其特性不同于一般的产品，如图 12 所示。

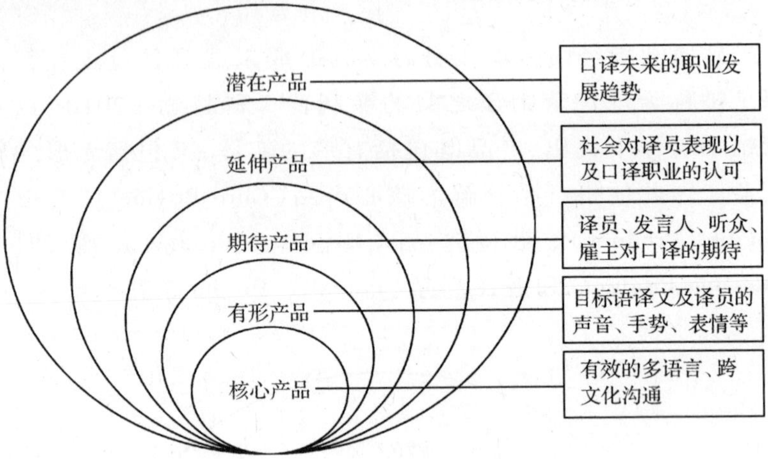

图 12　口译产品的层次

口译产品的核心价值是帮助用户进行有效的多语言、跨文化沟通（仲伟合等,2012）。口译的有形产品则是帮助用户沟通的目标语译文以及译员的声音、手势、表情等,包括语言和非语言两个层面。与一般产品不同的是,口译的期待产品具有其特殊性,因为口译的客户不单纯是口译产品的购买者（即:会议的组织者）,还涉及发言人、听众以及译员自己,他们对于口译产品都有各自的期待。口译的延伸产品主要是译员通过自身的服务获得社会对译员职业的认可。口译的潜在产品则是口译未来的职业发展趋势。

由于口译产品的形成过程常常同时涉及译员、发言人、听众、会议组织者等多方互动,口译的期待产品也需要从这四个视角来看。从译员的视角来看,口译期待产品是译员根据职业规范等因素对自身口译表现的预期,即:口译任务顺利完成,自我感觉表现良好。从发言人的角度来看,口译期待产品是发言人对译员能否将发言内容完整忠实地传递给听众的预期。对听众而言,口译期待产品则是听众对信息完整度、译员发音质量、表达流畅度等方面的期待。对于雇佣译员的会议组织者而言,口译期待产品则是对会议的顺利运行的期待,既包括对译员表现的期待,也包括对发言人和听众的期待。由此可见,以上四个口译产品期待可以分为译员和组织者对口译任务完成的期待和发言人及听众对信息传递的期待。译员、发言人、听众、会议组织者对口译产品的期待虽然各有侧重点，但是却也有重叠之处，如图 13 所示。

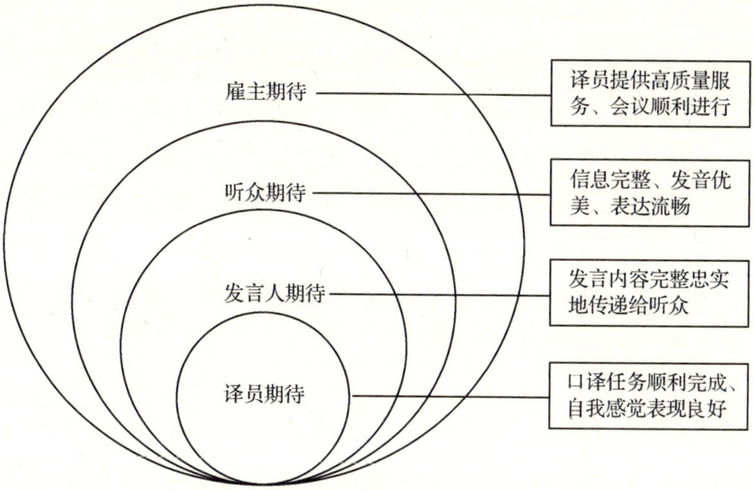

图 13　口译期待产品层次

二、同传任务完成的期待

同声传译属于一种跨文化交际服务，一般在国际会议中使用。同传任务的完成不仅需要译员之间的配合以及发言人与译员之间的配合，更需要会议的主办方（即：同传的具体使用者）和同传译员共同配合。事实上，会议的组织者和同传译员都是会议的服务人员，他们对于该项任务的完成都有各自的期待。

同传译员一般都由会议的主办方来聘请。译员应会议组织者（或受会议组织者委托的翻译中介机构）邀请提供传译服务并获得报酬。对译员而言，在接到同传任务后，译员都会对自己的任务完成情况会有一个积极的期待，希望自己能有良好的表现，为以后留下更多的工作机会。正因为有了这样的期待，译员都会认真准备，尽自己最大的努力来提供高质量的传译服务。如果译员只是为了报酬而工作，对自己的传译服务质量缺乏积极的期待，译员的努力程度肯定会打折扣，译文质量和交际效果自然也会受影响。

作为雇主，会议组织者当然希望包括同声传译在内的大会各项工作能顺利开展，不出任何大的乱子，让每一位与会者满意。因此，大多数组织者对同传译员会有很高的期待，希望译员能本着负责、职业的精神完成口译工作，提供优质的传译服务，让发言人和听众都满意。在多数情况下，只要会议顺利进行，只要发言人和听众都满意，会议组织者就开心，他们就会觉得译员表现不错。事实上，大部分组织者既不听发言人的讲话也不听口译译文。他们主要通过听众的反馈和会议的结果来判断译员的表现。

然而，真实的情况是：同传译员经常被人遗忘，是无名英雄。由于藏身于狭小的同传箱，大部分发言人都可能忘记译员的存在。如果一切进展顺利的话，会议的组织者也会忽略译员的贡献。会议组织者往往忙于照顾那些参会的人和一些重要来宾，经常会忘记同传译员的存在。由于会议组织者对同传工作的重视不足，在安排交通、住宿、餐饮以及文件资料等方面对译员往往照顾不周。在这种情况下，同传的服务质量有可能受到影响。事实上，同传译员一般在发生问题时才会引起发言人和组织者的注意，这已经太晚了。因此，译员一定要在正式工作前，明确自己的工作条件和工作待遇，争取自己的必要权益，引起会议组织者的高度重视，切不可任由他们随意安排。

三、同传信息传递的期待

作为同传服务的提供者，会议组织者和译员自己更关注会议进展是否顺利，关注任务能否顺利完成。作为接受同传服务的演讲人和听众所重点期待的应该是信息的传递和交际的效果。他们是会议的直接参与人，绝大部分与会者都希望通过同传服务进行有效沟通。因此，他们对信息传递和交际效果的期待越高，他们对同传译员的依赖程度和服务水平也越高。

对发言人而言，他们当然希望译员能忠实于自己，能将自己说的每一句话都原原本本地、不打任何折扣地传递给听众。然而，许多发言人一方面对译员有很高的期待，另一方面却忽略了自己跟译员的配合。同传译员是为演讲人服务的，需要把现场发言人的内容源源不断地翻译成目标语言。但是，译员无法选择发言人，不能因为某个人的发言风格或演讲内容而放弃服务。这种服务对象的不确定性必然会埋下服务质量问题的种子。在国际会议上,参加者来自世界各地,参与发言的人也口音不一,风格不同。有操一口流利伦敦英语的人,也有带有浓重非洲或中东口音的人。有讲话像机关枪一样的人,也不乏拖腔拉调之人。这无疑增加了同传译员的工作负荷,稍不留神就有可能诱发问题。

同传工作同样需要得到听众的配合。对听众而言,由于他们参会的目的和兴趣不同,他们的关注点也不同。部分听众会选择性地听取发言内容,因此他们虽然也期待同传译员能尽可能完整而准确地传译演讲人的讲话内容,但是他们不会从头到尾都专心地聆听。有时他们更关注同传译员的声音是否动听,表达是否流畅。有时,他们也会摘下耳机跟身边的人交头接耳,甚至四处走动。听众的这些期待和举止同样会影响译员的发挥和最终的服务效果。

参考文献

[1] 甘布尔等. 有效传播(第7版)[M]. 北京:清华大学出版社, 2005.
[2] 许静. 传播学概论[M]. 北京:清华大学出版社,2005.
[3] 韦尔德伯尔等. 传播[M]. 北京:中国人民大学出版社, 2008.
[4] 吉尔. 口笔译训练的基本概念和模型[M]. 上海:上海外语教育出版社, 2011.
[5] 波赫哈克. 口译研究概论[M]. 北京:外语教学与研究出版社, 2013.
[6] 王斌华. 口译规范的描写研究[M]. 北京:外语教学与研究出版社, 2013.
[7] 菲利普·科特勒等. 市场营销原理[M]. 北京:机械工业出版社, 2010.
[8] 仲伟合等. 口译研究方法论[M]. 北京:外语教学与研究出版社, 2012.

第四章　同声传译的应对策略

导 读

随着口译服务的增加，业界对传译质量的指责也越来越多。这些指责尤其集中在同声传译。导致同传质量不高的原因十分复杂，既有客观因素，也有主观因素，既有历史问题，也有现实问题。作为提供传译服务的译员除了应努力从自己身上找问题外，还应在传译过程中采取恰当的策略来应对工作过程中出现的种种问题。本章基于同传的信息传播和心理认知过程，结合具体的案例，探讨了三种具体的同传应对策略，即：有效预测、顺句驱动、模糊表达。

思考题

1. 同传译员为何需要运用预测技巧？语言预测和言外预测是怎样界定的？如何才能提高预测的有效性？

2. 什么是顺句驱动法？你能举例说明顺句驱动法在翻译中的应用吗？同传译员为何更需要运用顺句驱动技巧？

3. 如何理解语言和翻译的模糊性本质？模糊表达是否与同传技巧的基本原则相冲突？模糊表达常用的技巧有哪些？

第一节 同声传译的有效预测

一、同声传译中的推理与预期

口译研究圈内俄罗斯学派的代表人物切尔诺夫(2011)认为,同传中可能带来问题的因素之一是传译必须在话语完成之前就开始。此时,来源语的句法结构尚不完整,译语的正确性需要依赖译员对不断展开的来源语篇及其语义结构概率预期的深度。切尔诺夫(2011)经过研究进一步指出,使同传成为可能的就是译员对可能出现的信息进行有效预测,唯有如此才能保持语言产出的连续性。由此可见,同传译员需要具备很强的语篇推理和语义预测能力。预测的有效程度直接关系到同传信息的传递质量。

在同声传译中,预测(Anticipation)指的是同传译员能提前推断出来源语的潜在信息并在这些信息传到译员耳朵里之前将它们翻译成目标语。简而言之,预测就是指在具体话语出现之前对话语可能包含的信息的推理及把握,它是在发言人讲话结束以前对讲话信息进行假设的结果(仲伟合等,2009)。有观察指出,预测是最常使用的同传技巧,在同传实践中预测技巧出现的频率高达85秒/次,甚至更高。

译员运用推理与预期的目的是为了让信息传递更流畅、让目标语听众更容易听懂译文。预测是同传工作顺利进行的一项必备技能,自始至终贯穿整个同传过程。从某种意义上讲,如果译员没有很强的预测能力,同传工作几乎是不能进行的,因为同传译员不可能等到发言人的每一句话讲完以后再进行口译。在同传这项高度紧张的语言转换活动中,译员在强大的现场压力下,要实现听解、记忆、表达的基本同步和有效运转,就必须适时采取有效的预测策略。

预测是同传工作过程中的核心技巧。使用预测策略可以减轻译员接受来源语信息的负担,避免译员因等待而遗漏关键信息或对其进行不当处理,同时也可使译员将更多的注意力分配到信息产出上，使得译文更加流畅，更加容易为目标语听众所接受，从而使同传的交际效果得到最大程度的实现。如果同传译员只是被动处理大脑接受到的信息而不留出精力去分析即将到来的信息，译员的记忆力将会面临极大的压力，甚至可能出现短路，从而使得译员的产出变得结结巴巴，无法保障必要的流畅性，从而影响目标语听众的理解。

译员对来源语篇的预测事实上是对来源语信息的理解。根据著名的口译研究学者吉尔（2011）的研究，口译的理解（Comprehension）= 语言知识（Knowledge of the Language）+ 言外知识（Extra-Linguistic Knowledge）+ 分析（Analysis），即：C = KL + ELK + A。从吉尔的口译理解公式中，我们可以看出，在译员的理解过程中，语言知识和言外知识相互依存，互为补充。译员的理解是建立在其所掌握的语言知识和言外知识的基础之上的。从这个意义上讲，同传译员的预测可以分为语言预测（Linguistic Anticipation）和言外预测（Extra-Linguistic Anticipation）。

二、同声传译中的语言预测

在语言预测中，译员主要以语言为单位线索（如：词组搭配、句子结构等）进行预测。吉尔（2011）指出，在任何一种语言中，词语的搭配都不是随机无序的，而是存在各种可能性，他们按照一定的语义和语法规则进行搭配和造句。例如，在英语中，及物动词后面一定有宾语（如：take a bus，have lunch 等）；在汉语中，也存在许多固定的搭配（如：只要……就……，只有……才能……等）。这些语言规则能帮助译员无需听到整个句子便能提前知晓发言人的潜在信息，从而减少不确定性，降低译员的记忆负荷，从而增加表达的流畅性。

我们来分析以下几个例子：（1）On behalf of the municipal government and all the citizens, I'd like to extend our heart-felt gratitude and warm welcome to you all.（2）It is highly important that the two sides settle their disputes through peaceful negotiation.（3）我希望大家携起手来，为共同促进世界的持久和平和普遍发展而努

力奋斗。(4)只有不断集中精力发展经济,创新科技,才能创造巨大的市场需求和促进经济繁荣。

在例(1)中,当译员听到"On behalf of the municipal government and all the citizens, I'd like to extend ..."时,一般能预测到后面的信息要么是"our heart-felt gratitude to you all",要么是"a warm welcome to you"。在例(2)中,如果是笔译或者交替传译,译员可以轻而易举地将该句翻译成"通过和平谈判来解决双方冲突是非常重要的"。但是,在同传过程中,译员一般在听到"It is highly important that ..."就应该开始翻译了。如果将它翻译成"它高度重要,两边坐下解决他们的冲突,通过和平谈判",无论是听众还是译员自己都会感到不满意的。但是,如果运用预测技巧,这句话完全可以处理成"这样做十分重要,即:通过和平谈判解决双方冲突"。根据相关的英语语言知识,"It"是形式主语,其真正的所指是"that"后面的句子。这时译员可以果断地将"It"处理成"这样做"。

同样,在汉语中,也有很多类似的例子。根据汉语的基本知识,当我们听到例(3)中的"我希望大家携起手来,为共同……"时,应该能预测到这句话的结尾很有可能是"……而努力奋斗。"因此,译员无需等到发言人说完整个句子便可以提前将该句翻译成"I hope that all of us will join hands and work hard for ..."。此时耳朵里只要关注"共同促进世界的持久和平和普遍发展"即可。于是便有了一句非常地道的英文译文,即:"I hope that all of us will join hands and work hard for a lasting peace and common development of the world"。同样,当要对例(4)进行同步翻译时,译员在听到"只有……"时,根据汉语的词组搭配知识立即便能预测到后面会有"才能……"。于是译员能提前想到一个英语句型:"Only by doing ..., can we do ....",并将该句同步翻译成"Only by continuously focusing on economic development and technological innovation, can we create an enormous market demand and enhance economic prosperity."

语言预测是建立在译员对语言的语义和语法规则掌握的基础

之上的。因此,语言预测可分为语义预测和语法预测。如果运用恰当,语言预测技巧一定能让译文表达更加流畅、更加地道、更易为听众所接受。与此同时,语言预测技巧的使用也能有效地减轻译员的工作负荷,从而保证整个传译工作的顺利进行,实现交际效果的最大化。由此可见,同传译员应努力掌握来源语和目标语的语义搭配、语法结构等语言基础知识。

三、同声传译中的言外预测

言外预测指的是译员不依靠语义、语法等语言知识,而是靠译员的言外知识进行的预测。言外预测由大到小可以分为场合预测和话题预测(仲伟合等,2009)。所谓场合预测,就是译员根据对口译现场情况的全面把握(如大会宣传册、与会嘉宾的姓名和职务、会议主题、常用术语等)产生的对信息走势的预测。

话题预测则是指译员根据口译任务的类型、主题和问题特征进行预测。口译中常见的文体有祝辞类、介绍类、叙事类等,每一种文体的组织架构都有一定的规律可循。例如,面对"经贸洽谈会开幕式致辞"这样的同传任务,经验老到的译员立刻会预测到致辞行文的基本思路,即:"欢迎来宾——祝贺——经贸合作背景与现状介绍——祝愿和总结"。

言外预测更多的时候发生在口译活动正式开始前。在多数情况下,大会组织者会向译员提供大会的相关文件以及议程安排。根据这些材料,译员能提前预测大会的主题是什么,谁将做主旨发言,听众的兴趣点是什么,等等。在这些预测的基础之上,译员可以针对性地做些准备工作,未雨绸缪,如提前熟悉相关的专业术语及专题知识、了解发言人的口音以及背景等。

实践表明,这样的言外预测和译前准备对于同传工作的顺利完成是非常有帮助作用的。笔者就有这样的亲身体会。有一次,本人应邀担任有关城市地震灾害管理政策和方法论坛的同传工作。在浏览了大会的议程安排后,笔者了解到一位来自东京大学的教授 Norio Okada 将在大会上用英文做题为"Urban Diagnosis and Integrated Disaster Risk Management"的主旨发言。但是他并未提供发言的稿子和 PPT。笔者预测他可能会带有典型的日本口音，并且发言中可能会有不少有关灾害管理的专业术语。于是，笔者便开始在网络上搜索有关该教授的研究领域和日本人讲英语的影像资料，也认真学习了有关“Five-Layer Pagoda Model”，“PDCA Cycle”等专业术语的含义。结果证明这些准备工作在笔者的传译过程中起到了十分重要的作用。

四、有效预测与预测失误

预测对于同传译员的重要性是显而易见的。但是，在带来实惠的同时，预测也可能给译员带来风险。因为译员不是在所有的情况下都能保证预测的准确性。一旦预测失误则可能导致理解困难甚至理解错误，从而让译员处于不利的地位，造成信息传递的失败。从这个意义上讲，同声传译中的预测可分为有效预测和无效预测（或预测失误）。

为了提高预测的有效性减少预测失误的发生，译员需要努力提升自己的语言预测和言外预测的能力。首先，译员应加强对来源语和目标语的对比研究，掌握这两种语言的语义结构、词组搭配、常用句型以及基本的语法规则等基础语言知识，对这两种语言在语义、语法以及文化上的差异保持高度的敏感。

其次，译员一定要认真准备。由于工作的现场性和不确定性，同传被认为是一项永远也无法准备好的职业。但是，正因为如此，有经验的同传译员即便是到会议开始前的最后一刻也不会放弃准备。例如，对发言人的专业背景、演讲风格、会议主题及相关术语等的熟悉。译前准备的充分性与预测的有效性有直接的关系。译员准备越充分，预测的准确性和有效性就越高。

再次，坚持训练和实战，在实践中检验和提高预测能力。预测的有效性跟译员的经验关系密切。经验越丰富，预测的准确性和有效性就越高。但是经验的积累和总结来自坚持不断的训练和实践。因此，同传译员要保持一定的训练量和持续的现场实战，传译工作结束后，应及时总结。

最后，不要过分依赖预测。预测是在信息不完整的情况下进行的，因此预测不可能做到百分之百的准确。在预测过程中，总会有预测失误的情况发生，总会有不可预测的信息。一旦预测失败，信息的传递就会发生困难。因此，译员不能过度依赖预测。预测不是同传译员使用的唯一技巧。除了预测外，译员还应根据现场的具体情况，积极地、灵活地运用其他的口译技巧。

第二节　同声传译的顺句驱动

一、顺句驱动法的必要性和可行性

在各种类型的口译活动中，同声传译的即时性特点最突出，口译员要基本上与发言人保持同步，即：听与说同时进行。来源语信息连续输入，一般很少有较长的间隔或停顿，口译员要迅速地完成来源语信息听取、信息短暂存储、意义转换、译语发布等一系列任务。如果对来源语结构进行较大调整，不仅会加大语言转换的难度，还要求译员在更长的时间内保持来源语信息，这就必然对译员信息存储能力形成巨大的压力，打破口译认知操作过程的平衡，使得口译员难以有效地听取、理解新的来源语输入信息，也难以对译语产出进行有效地监控和调节，从而最终影响口译效果（张威，2006）。因此，在同传实践中，译员应尽量减少语言结构调整的范围和程度，按照英语原文语流的输入次序，不间断地将来源语语流切割成大小不等的意群和信息单位，再将这些信息单位以较为适合的目标语表达形式组合起来，以传达原文整体的意义和信息。这就是同传中使用频率仅次于预测的一种转换策略或技巧，即：顺句驱动（Syntactic Linearity）。

顺句驱动法也称为顺译法，是译员在同传实战中最常用的一种方法。采用顺句驱动是由同声传译特有的信息交流方式所决定的（胡刚等，2006）。在同声传译中，译员一般不可能等到句子结束再开始翻译，这样容易造成漏译，也容易造成译员的记忆负担。译员也不是在所有的情况下都能准确预测后面的信息。在多数情况下，译员一般根据自己听到的话语顺序，把句子切成个别的意群

(Sense Group),然后再通过各种技巧,使它们比较自然地黏合起来(张维为,2011)。只有采用顺句驱动的方法才能保证译员的传译基本上与发言人的讲话同步。另外,译员要减轻记忆负荷与心理压力也必须依靠顺句驱动法才能实现。

人类语言具有共性,这是一个基本事实。这不仅体现为语言构成要素的同一性,也体现为语言指称关系及概念范畴的对应性,还表现为表层叙述上的相对一致性。例如,英语和汉语虽然属于两种不同的语系,有很大的差别,但基本句子结构是相似的,大部分都是"主谓宾"或"主系表"的结构,而且限定词和形容词在多数情况下也都出现在名词之前。语言的这些特点就使我们能够很方便地应用"顺句驱动"原则,或将来源语的相关概念直接转换为相对应的目标语表达,或依照来源语言语信息的输入次序逐一传译。这样既减轻了译员的认知负荷,又顺利地完成了口译任务,这无疑是一种非常理想的情况。例如:"After 15 years of reform, China's economic structure and social life have undergone a series of major changes."与"经过十五年的改革,中国的经济体制和社会生活都经历了一系列重大变化"。以上两句意思一致,而且在语序上也非常吻合。

当然,并非在所有情况下,来源语和目标语能在语序上完全一致。事实上,英语和汉语在表层结构上存在着重大的差异。例如,英语重视外在形式衔接的"形合",汉语重视内在意义连贯的"意合";英语以词为本位,而汉语以字为本位;英语句式呈"树形结构",汉语句式呈"竹形结构";英语更重视表层形态的连接,而汉语更注重内在意义的逻辑;等等(连淑能,1993)。但是,这些差异并不影响同传译员使用顺句驱动的技巧。为避免语言结构重大调整对人脑认知负荷的影响,口译员常常是在总体上依照来源语的行文次序,通过断句、重复、归纳、增补、词性转换等策略,减少信息保持的压力,快速完成对来源语信息的转换与传递,表现出明显的同步化趋势。例如,如果采用普通的翻译方法,我们可以分别将"I am greatly surprised at what you said."和"The meeting will be held in the afternoon, in Room 319."翻译成"你的话让我非常吃惊"和"会议将于下午在319室举行”。但是,译员也可以运用顺句驱动的方法,借助断句、增补等技巧将以上两句翻译成“我非常吃惊,你竟然这么说”和“会议将于下午举行,地点在319室”。

二、顺句驱动法的一般原则

现任教于厦门理工学院的杜文萍老师(2007)认为,同传译员在运用顺句驱动技巧时,需要遵循以下三个原则:合理断句、有效衔接、随机应变。译员应首先学会合理断句,即:尽可能按照意群或信息单位断句,而不是以词为单位断句。这种断句方法的好处在于,各个断开的部分具有相对完整独立的意义,那么在使用顺句驱动技巧时,译员就可以将各部分独立地译成相应的目的语,同时用合适的连接词将它们连成完整的句子。例如:“Growing economic integration // and inter-linkages among issues // suggest the need // for new and more comprehensive approaches // to capacity-building // adapted to the constantly evolving needs of developing countries. //”通过断句,该句被切割成六个意群,并可以在同传中处理成“日益发展的经济一体化//和各种问题间千丝万缕的联系//意味着有必要//采取更新、更全面的方法//来处理能力建设问题//,适应发展中国家不断变化的需求//”。

句子断开之后要增补适当的连接词把各部分衔接起来。使用什么样的连接词应视各部分之间的关系而定,可以是增补句子意义的连接词,也可以是增补逻辑关系的连接词。必须说明的是,无论使用什么连接词,唯一的关键是该连接词的增补必须使译文通顺,而且还要符合原句的句意。例如,“中国历史上产生了许多杰出的哲学家、思想家、政治家、军事家、科学家和文学艺术家,留下了浩如烟海的文化典籍”的同步译文“China produced in its history many philosophers, thinkers, politicians, militarists, scientists and artists, and left us numerous volumes of literature”中就增加了一个并列连词“and”。

同声传译中译员要紧跟演讲人的讲话进行翻译。因此,译员在断句时发生判断错误就在所难免。请看下例:“在全国改革开放的新格局中，特区面临的改革开放的试验任务更加繁重。”在对这个句子进行同传的过程中，译员很可能在听到“特区面临”后就误将“特区”当作主语，脱口就说出了“the SEZs”，但他立刻就会发现自己判断错误，但是如果这时改口就会影响口译的质量。在这种情况下，译员应随机应变，采用合适的句式将句子译完，但同时要保留原文的意思。上面这个句子仍然可以用“the SEZs”作为主语，只是需要使用一个合适的谓语来完成整个句子，可处理如下：“In the new situation of reform and opening up, the SEZs are facing an even heavier task of experiment in reform.”

三、顺句驱动法在英汉同传中的应用

由于英汉句法结构的差异，有时译员不能直接将来源语按照原来的句序译成目的语，而必须采取适当的方法对译文进行处理，如词性转换、重复表达等。另外，由于在汉语中定语和状语一般都要前置，而在英语中复杂的定语（如定语从句、介词短语等）大部分都放置在中心词的后面，状语的位置则可前可后，因此在汉译英同传过程中采用顺句驱动时应特别注意定语和状语的处理。杜文萍（2007）对英汉同传中常用的一些方法作了系统介绍。

第一，名词转译成动词。连叔能（1993）在《英汉对比研究》中指出英语与汉语在句法结构上存在许多差异，其中一个差异是：英语句子中频繁使用大量的抽象名词和施事名词，而汉语中则大量使用动词。运用顺句驱动技巧进行英汉同传的时候可以利用这一差异，将英语中的名词转译成汉语中的动词。如以下两例：（1）Britain has been a whole-hearted supporter of free trade since the GATT's establishment. We remain an unashamed champion of free trade today.（同传译文：英国一直全力支持自由贸易，自 GATT 建立以来。我们仍公开倡导自由贸易）。（2）The commitment to the free market has found its most forceful expression in the decision of the ASEAN leaders to establish an ASEAN Free Trade Area through the steady reduction and eventual elimination of trade barriers within ASEAN.（同传译文：对自由市场的承诺最有力地表现在，东盟领

导人决定建立一个东盟自由贸易区，办法是逐步降低并最终取消东盟各国间的贸易壁垒。）例（1）的译员分别将原文的三个名词"supporter"，"establishment"和"champion"分别转译成了动词，即："支持"、"建立"和"倡导"。例（2）则将原文的"expression"，"decision"，"reduction"以及"elimination"等四个名词翻译成了"表现"、"决定"、"降低"以及"取消"四个动词。

第二，重复。连叔能（1993）指出，"汉语的定语一般在名词的前面，而英语的定语在许多情况下可以通过形态变化或借助连接词语置于名词的前后，位置比较灵活"。英语与汉语的这一句法结构差异构成了英汉同传中的一个难点。例如，"The sanctions regime which the Security Council imposed on Iraq actually has no parallel in the history of the United Nations."（同传译文：这一制裁体制，这一安理会对伊拉克的制裁体制，在联合国历史上是前所未有的）。句中有一个"which"引导的定语从句，如果翻译时要将它转换成汉语里的前置定语，译员就必须在听完整个定语从句后才能开始翻译，而这会延长来源语和目的语之间的时间差。遇到这种困难时，译员仍可以采取顺句驱动的方法，先将从句的先行词译出来，接着把定语从句当成一个独立的句子进行翻译，并在适当的位置重复一下先行词。"重复"这一方法除了适用于英语中的后置定语从句以外，也适用于英语句子主语较长的情况，如："Work on the development of common code and operating procedure for all UN personnel servicing should be brought to an early conclusion."（同传译文：制定共同的行为准则和行动程序，使之适用于联合国所有雇员，这项工作应尽早完成。）在应用顺句驱动技巧时，译员可以把整个句子分成两部分来处理，先将主语译成一个独立的句子，之后再来处理余下的部分，这时可以使用诸如"这"、"那"等指示代词来重复中心词，连接余下的部分，以构成完整的句子。

第三，复杂定语的处理方法。英语和汉语在定语上的差异不仅给英汉同传带来困难，而且也是汉英同传中的一个常见问题。上文也提到，汉语中名词的定语都是前置的，而英语中的定语可以前置也可以后置。对于汉语中比较短的定语，译员可以直接将其译成英语中的前置定语或后置定语，在运用顺句驱动技巧的时候都不会构成任何的问题。但是，对于汉语中长而复杂的定语，如果翻译时仍将它作为定语，那么在英语中就只能是后置的，也就是说需要调整原句的句序，这对同传来说就构成了问题。因此，当遇到长而复杂的定语时，译员应该采取适当的方法来处理，尽可能地按照原句的句序进行翻译。例如，(1)伦敦这个有着约700万人口、1580平方公里土地的大都市显然是欧洲最大的城市。(同传译文：London has a population of about 7 million and an area of 1,580 square kilometers. It is apparently the largest city in Europe.)(2)经过新中国成立五十年特别是改革开放二十年来的锐意进取，中国邮政事业有了长足的发展。(同传译文：China has been founded for 50 years and has gone through 20 years' reform and opening up. Over all these years, China's postal services have made great headway due to its unremitting efforts.)以上两句非同传译文都巧妙地运用了定语处理技巧，将原文由一句翻译成了两句。

第四，复杂前置状语的处理方法。前置状语是汉语的一个常见句法特点，英语中也有前置状语，如表示时间、地点、原因的状语就可以前置。在汉语中遇到这样的前置状语，译员大都可以直接按原句的顺序将其译成英语中对应的前置状语。然而，汉语中还有另一种常见的前置状语，它是位于主语和谓语之间的一个很长的介词短语，通常由"对"、"对于"、"以"、"向"、"根据"等介词引导。这类前置状语在有些情况下不能直接按原来的句序进行翻译，而必须采取适当的方法加以处理才能实现顺句驱动。这类前置状语常用于演讲辞中的套话(如"对……表示感谢"、"为……深感荣幸和愉快"等)，或一些固定的搭配中(如"国际争端应该通过和平谈判的方式来解决"、"为世界的和平/社会的发展/人类的进步做出积极的贡献"等)。对于这些套话或固定搭配，译员可以根据常识和语境对后面将听到的谓语动词进行"预测"，先把谓语译出来，然后再翻译状语的部分。请看下面这个例子："邮政在推动建立公正合理的国际新秩序中发挥积极的作用。"这个句子是万国邮政联盟(UPU)大会发言中的一句话。译员在听到前半句的时候就可以预测到这句话要表达的大致意思是“邮政对国际新秩序有正面的影响”。因此，这句话可译为“Postal services help to establish a new, equitable and rational international order.”对于无法预测出谓语动词的情况，译员可以采用“储存主语”的方法，即：先翻译状语部分，把主语留到后面跟谓语一起译出来，如“各国应根据本国的实际情况，本着有利于社会需要、促进社会进步和普遍服务的目的，积极进行改革的探索与实践。”可以翻译成“In the light of their respective national conditions, and in the interests of social demand, social progress and universal service, all the countries should actively explore ways to reform or take reform measures.”

第三节　同声传译的模糊表达

同传过程中的种种问题诱因以及信息噪音的出现势必给信息的准确传译带来障碍。因此，降低传译过程中的噪音干扰是每一个译员的必修课。根据语言的模糊性本质以及翻译的语用等效原理，本文认为，在特定情况下，译员可以运用模糊表达策略去处理英汉同传过程中的部分高密度信息和跨文化信息，以期达到降低信息噪音的效果，从而最大限度地保证交际活动的顺利进行。

一、语言的模糊性本质

客观世界存在许多不明晰性，人们对客观实体的认识也存在局限性，所以人类使用的语言具有松散性和模糊性的特质。模糊性是人类语言的客观属性，它指的是语言所指范围边界的不确定性（张乔，1998）。事实上，无论是英语还是汉语，都存在许多信息不确定的表达，如“我们六点左右到”、“He is producing about ten pages a week.”等。句中的“左右”和“about”提供的信息是不确定的。该类模糊表达词汇是人类语言的重要组成部分。

在口语交际中，模糊表达现象更为频繁。由于口语交际的即席性和瞬时性特征，人们在交际过程中会有意使用模糊语言去适应特殊的交际环境。因此，模糊表达不仅来源于语言本身，同时也是为了交际需要而主动产生的。例如，当我们问及女士年龄、个人收入等敏感话题时，得到的答案往往是“快 30 了”、“over 3,000 dollars”诸如此类的模糊回答。显而易见，模糊表达具有填补中断、笼统概括、表达灵活、委婉含蓄、促进交流等语用功能（赵军峰，2003）。模糊表达深受会话人喜爱，是人们日常交际的重要内容和手段。

语言是为交际服务的。模糊表达对交际双方一般不会造成太大的问题，因为在一定的语境中，人类的认知系统可以轻易处理这些模糊的概念。人们所共享的知识有助于他们做出相似的判断，交际双方对一个模糊概念能够达成共识。这一点已经被乔安娜·舍奈尔所证实。舍奈尔（2000）认为一个模糊概念往往有一个大家所认同的范围，即模糊的度，只要语言所表达的信息在双方认可的范围内，交际就可以顺利进行。

二、翻译的模糊性标准

语言的模糊性本质也可用来解释一些关于翻译的标准问题。在国内，无论是严复的“信、达、雅”三字标准，或者是鲁迅的“忠实”与“通顺”论，以及钱钟书的“化境”说与林语堂关于翻译“美的标准”，还是傅雷的“翻译重神似，不重形似”，均可解读为一种“翻译模糊论”（邵璐，2008）。在国外，同样也有关于翻译模糊性的论述，如：翻译是指接受语复制原语信息的“最近似的自然等值”（Nida，2004）；“翻译本身就是一个近似化的过程”（Gile，2011）。由此可以得出这样一个论断：翻译不是用目标语言对来源语言信息的完全复制，而是一个追求目标语信息和来源语信息无限“相似”的过程。翻译在本质上跟语言一样，具备一定的模糊性。

“翻译模糊论”对同传标准的制定同样很有启发。张维为将同传的标准界定为：达意、通顺、迅速。其中，“达意”是同传的核心。结合同声传译的实际情况，他将“达意”分成了充分达意、基本达意、表层达意三个层次，并认为高质量的同传基本上处于充分达意和基本达意两个层次之间（张维为，2011）。由此可见，同传质量的评价标准本身就是一个动态的模糊概念。既然如此，在传译过程中,为了减少语言传播过程中的信息噪音,在别无选择的情况下,适当运用模糊表达应当视为一种可行的办法。

另外,模糊表达跟翻译的语用标准也是不矛盾的。同传译员的作用在于传递演讲人的信息,在交际双方之间架起一座桥梁,使交际顺利进行。因此,译员要以目的语听众为取向,根据他们对世界的认知,译出原文的语用功能,使他们理解说话人的意图并获得跟来源语听众等同的信息。这种现象被称为语用等效(何自然,1997)。根据语用等效理论,翻译就是翻译作者的意图,让来源语和目的语对各自听众产生相同的语用效果。

20 世纪上半叶,英国大哲学家罗素访问中国,他的英文翻译由才子赵元任担任。罗素在演说时讲了一个很长的笑话,他很担心赵元任不能把笑话翻译好,不能让听众发笑。结果赵元任向观众嘀咕了一两句,观众一片哄笑。罗素很不解,在演说结束后,他问赵元任:“我的笑话那么长,你是怎么翻译的?”赵元任回答到:“我说罗素先生讲了一个笑话,你们笑吧!”很显然,赵元任运用了“概括”和“省略”的模糊表达技巧;很好地实现了“让听众发笑”的语用功能。这看似不忠的翻译,比起对着缺少文化背景的听众逐句翻译笑话内容的效果要好得多,这正是译员充分考虑到交际场合并及时做出应变的明智对策(卢信朝,2009)。

这个经典案例告诉我们,翻译并非翻译原文的字句而是翻译原文作者的意图。只要把原文的意思转译过来并让听众明白达到语用等效,这便是成功的翻译。这一点尤其适用于处理同传中的语义和文化噪音。有时因为缺乏跨文化意识,交谈双方的话语内容可能触及对方文化禁忌,译员可以通过绕译或解释的方式传递来源语信息,尽量淡化文化冲突,从而帮助说话人实现交际意图。这为模糊表达策略的使用找到了语用依据。

三、同传技巧的基本原则与模糊表达

模糊表达符合语言和翻译的基本规律,也与同传技巧基本原则相吻合。吉尔认为,同传译员在选择传译技巧时,应遵循信息复原(Information Recovery)最大化、传译干扰(Recovery Interference)

最小化、交际效果(Communication Effect)最优化、经济省力原则(Principle of Least Effort)、自我保护原则(Law of Self-protection)五项基本原则(Gile,2011)。

翻译的目的在于将来源语篇的信息最大限度地用目标语复原。但是在传译过程中,译员会受到现场环境、信息密度以及文化差异等因素的干扰,因此译员在选择临场应变技巧时要尽量减少对信息传译的干扰,从而保证传译的质量。另外,译员是为交际双方的沟通服务的,译员的表达应该充分考虑到交际双方的交流意图和文化习惯,从而实现交际效果的最优化。同传是一门充满挑战的职业,要求译员精力高度集中,因此译员还要学会保护自己,合理分配精力,采用最为经济和省力的办法完成传译工作。

同传是一门技术活。在特定的情况下,尤其是在出现信息噪音干扰的时候,译员在工作过程中要根据以上五项基本原则选择合适的技巧。同传是一个大量信息及时迅速从来源语到目的语转译的过程。如果译员试图从形式到内容做到完全忠实,可能造成来源语信息大量堆积,译员记忆不堪重负,结果反而会出现信息流失、表达中断、语流不畅等问题。相反,在面对有可能成为噪音的语篇时,采用模糊处理往往能起到很好的交际效果。模糊表达虽然不能做到完全达意,但有助于扩大信息覆盖范围从而减少主要信息的流失,降低译员的记忆负荷从而提高译文流利程度,模糊表达还能为译员节省时间从而提高传译速度。总而言之,模糊表达能以一种经济实惠以及保护译员的形式实现信息传播效果的最优化。

例如,有译员将"Dalian is an international city because it has special relations with sister cities from Vancouver in Canada, to Vladivostok in Russia, to Bremen in Germany, to Glasgow in Great Britain, to Le Havre in France and to Houston in America."翻译成"大连是一座国际性的城市,因为她同加拿大的温哥华、德国的Bremen、英国的Glasgow、美国的休斯敦等城市有着特殊的友好关系。"显而易见,该译员采用仿音的形式处理两个专有名词"Bremen"和"Glasgow",而对拗口的"Vladivostok"和"Le Havre"则

干脆省略不译，采用“等城市”的模糊词汇加以补充。事实上，以仿音的技巧来传译人名、地名等专有名词是最省力的，而用“等城市”处理干扰性极大的“Vladivostok”和“Le Havre”，不但有效地降低了信息干扰，而且也实现了信息复原的最大化，因为“等城市”也包括“Vladivostok”和“Le Havre”，它们并没有被真正省略掉。经过这么一番模糊处理后，译文显然会更加流畅，译员当然也更加轻松，交际效果当然也得到很好的实现，因为大部分听众只要获得“大连是一座国际性程度很高的城市，她同许多城市有着特殊的友好关系”就够了。

再如，在翻译“中国的国土面积为9,632,940平方公里，人口为1,339,720,000”时，有些译员肯定会因为原文中的两个数字受到不同程度的干扰，此时极其容易造成信息传递受阻，甚至造成误译文。连续两个超过百万的数字对于同传译员而言显然是很大的负担。但是如果采用“近似”的办法来处理，译员就轻松多了。比如，将“9,632,940”和“1,339,720,000”分别翻译成“over 9.6 million”和“nearly 1.34 billion”（China covers an area of over 9.6 million square kilometers with a population of nearly 1.34 billion.）。显而易见，“over 9.6 million”和“nearly 1.34 billion”要分别比“nine million six hundred and thirty two thousand and nine hundred forty”和“one billion three hundred thirty nine million seven hundred twenty thousand”要省力。事实上，对于中国的实际面积和人口而言，“九百六十三万两千九百四十”和“十三亿三千九百七十二万”本身就是一个大概的数字。而且“over 9.6 million”和“nearly 1.34 billion”肯定包含正确的数字。从这个意义上讲，信息得到了最大程度的复原。

模糊性是语言和翻译的本质属性。模糊策略如果运用得当，不但可以减少同声传译过程中的信息流失以实现译文的达意标准，还可以降低译员的记忆负荷从而提高译文表达的流畅度。此外，适当运用模糊策略还可以为译员节省时间从而提高传译的速度。当然，运用模糊处理时译员要注意模糊的度。忠实达意始终是同传译员的首要任务。

参考文献

[1] 切尔诺夫. 同声传译中的推理与预期[M]. 上海:上海外语教育出版社, 2011.

[2] 仲伟合等. 同声传译[M]. 北京:外语教学与研究出版社, 2009.

[3] 吉尔. 口笔译训练的基本概念和模型[M]. 上海:上海外语教育出版社, 2011.

[4] 张威. 英汉同声传译"顺句驱动"操作的理据透析[J]. 广东外语外贸大学学报,2006(4).

[5] 胡刚等. 新世纪英汉同声传译[M]. 武汉:武汉大学出版社, 2006.

[6] 张维为. 英汉同声传译(修订版)[M]. 上海:上海外语教育出版社, 2011.

[7] 连淑能. 英汉对比研究[M]. 北京:高等教育出版社, 1993.

[8] 杜文萍. 顺句驱动:缓解同传短时记忆负担的有效途径[J]. 考试周刊, 2007(14).

[9] 张乔. 模糊语言学论集[M]. 大连:大连出版社,1998.

[10] 赵军峰. 商务英语口译[M]. 上海:高等教育出版社,2003.

[11] Channell, Jonna. Vague Language [M]. Shanghai: Shanghai Foreign Language Education Press, 2000.

[12] Nida, Eugene A. Toward a Science of Translation[M]. Shanghai: Shanghai Foreign Language Education Press, 2004.

[13] 邵璐. 论翻译的模糊法则[J]. 外国语,2008(5).

[14] 何自然. 语用学与英语学习[M]. 上海:上海外语教育出版社,1997.

[15] 卢信朝. 英汉口译技能教程[M]. 上海:旅游教育出版社,2009.

第五章 同声传译的人才培养

导读

同传译员是目前国内口译市场炙手可热的人才。我国能胜任同传工作的人员严重不足。我国许多高校已经充分认识到这一问题并已经开展了卓有成效的口译教学研究，先后总结出了颇具特色的口译人才培养模式，如“厦大模式”、“广外模式”等。本章基于“ARCS动机模型”探讨了口译学习的动机的激发和保持，提出了口译人才培养的“3P模式”，构建了多元化口译质量评估体系。

思考题

1. 影响学习动机的因素有哪些？你认为要怎样才能激发并保持学生的口译学习动机？你如何评价“以赛促学”和“课证一体”的教学机制？

2. 你了解“厦大模式”和“广外模式”吗？你如何评价口译人才培养的“3P模式”？你认为同传课程应该如何设计？

3. 你觉得目前国内口译教学评估主要存在哪些问题？我们应该从哪些方面、运用什么手段去评价学员的口译表现？

第一节　口译学习动机的激发与保持

为了适应新的经济和社会发展形势，教育部于2000年组织专家修订了《高等学校英语专业英语教学大纲》，将口译课确定为本科英语专业的必修技能课之一，明确要求英语专业学生在毕业后能担任一般外事活动的口译任务。事实证明，口译课程的开设有效地增强了外语专业学生的英语学习积极性，大大提高了他们的英语综合技能。为了发挥国家精品课程的示范和辐射效应，本节以深圳职业技术学院商务英语专业《商务现场口译》为例，以"ARCS动机模型"为理论依据，从创设问题情境、组建专业师资、设计"工学结合"特色课堂、形成"以赛促学"和"课证一体"教学机制等方面探讨外语专业学生口译学习动机的激发与保持。

一、ARCS动机模型的提出

美国心理学教授John M. Keller（1983）认为，影响学习动机的因素有四类：注意力（Attention）、切身性（Relevance）、自信心（Confidence）和满足感（Satisfaction）。凯勒教授提出的ARCS动机模型很好地诠释了学习动机的激发过程，即：首先要引起学习者对一项学习任务的注意，其次要使他理解完成这项任务与他本人密切相关，接着要让他觉得自己有信心做好此事，最后让他体验完成学习任务后的满足感（张祖忻，2003）。

注意力是学习的窗口，是保证学生顺利学习的重要前提。教学实践表明，成绩好的同学往往能集中注意力听讲，独立思考，很少受外界干扰。相反，成绩差的同学则容易走神，不能集中注意力学习。因此，在教学过程中，老师应设法引起每一位同学对学习内容的长期兴趣和持续关注。引起学生注意力的手段有很多。一般而言，图文并茂的视频资料、同班同学的现场表演、任课老师的示范与提问等都能比较容易地将学生的注意力在很大程度上集中起来。因此，在设计口译课堂时，老师应充分考虑到教学材料的立体性、教学活动的多样性以及全体学生的参与性，切勿采用满堂灌或者满堂练等单一的教学形式，而是应该既有老师讲解和示范，也有学生表演和讨论，还有现场视频与案例分析，把注意力充分调动起来。

切身性指的是学习内容与自身利益的关联性，是激发学生内部学习动机的源泉。现在的学生往往追求功利和实用，他们对所学的内容往往会有自己的选择。在学习之前，他们当中许多人总要弄清为什么要学习这些材料。一旦他们知道自己所学的内容与他们的切身利益密切相关，能帮助他们实现未来工作或生活的重要目标，他们的学习动机就会自然被激发出来。因此，教师在选择教学素材时要知晓学生的学习目标，充分考虑所选内容与学生未来目标的关联度。事实上，口译教学能否得到学生的认可在很大程度上跟选取的材料密切相关。据调查，很多院校的同学之所以最终失去对口译的兴趣，大部分是因为老师选取的素材要么难度太大，要么跟学生的未来关系太远。因此，老师不应拘泥于某一本教材，而应结合本班学生以及当地的实际选取合适的材料，而不是一些非常宽泛甚至让人感觉遥远、一辈子也用不上、碰不到的内容。如果老师选取的材料瞄准学生未来的工作岗位，让他们感觉到所学的内容与自己的未来密切相关，学生的积极性一定会得到充分的调动。

除了对学习内容感兴趣并产生切身性外，学生还必须相信他们具有一定的成功可能性。否则，即使引起了注意并产生了切身性，他们也可能放弃学习。每个人都渴望学有所成，自我价值得到体现。但是，每一个学生都有自知之明，知道自己的学习能力。因此，当学生觉得所学内容超过他们的接受能力时，他们就会觉得成功无望而感到沮丧，最终选择放弃。由此可见，教师一定要了解学生的真实水平和预期，考虑选材的难度和教学的循序性。对于口译课程而言，很多学生刚开始往往觉得好奇而兴趣盎然。老师应充分利用学生的这种好奇心，想办法让这种兴趣和好奇长期延续下去。做到这一点的关键在于让学生觉得有信心学下去并且有所收获。因此，老师在材料选取上不能一味追求所谓的真实性，应根据学生的实际降低难度，对材料进行改编，循序渐进，让他们觉得自己可以掌握所学的知识并最终能获得成功。

信心是保持学习动机的重要因素,满足感则是激发学生进一步学习的动因。如果行为的后果与学生的期望一致,学生便会感到满足,从而产生继续学习的动力,实现自身的最大发展。对这种尽其所能的内在倾向,人本主义心理学家称之为“自我实现”。美国心理学家亚伯拉罕·哈罗德·马斯洛(Abraham Harold Maslow)认为,自我实现的需求属成长需要,是人类最高级别的需求,将一直推动人去从事满足自我的行为(马良诚,2010)。每个学生天生就有学习、求知和实现自己价值的愿望。教师的任务是要满足并强化学生的成就感。因此,在设计课堂教学时,老师应该将满意度设计纳入其中,让学生在每一个教学阶段中都能有所收获。老师可以让学生组成学习小组,以角色扮演的形式体验情景口译,并及时给予肯定和表扬。在教学后期还可以组织学生观摩和体验真实的口译场景,或组织同学参加口译大赛以及口译证书考试,让学生有机会体验成功的喜悦。

二、创设问题情境,培养学习兴趣

引起学生对一项学习或工作任务注意的过程就是培养和激发学生求知欲和好奇心的过程。求知欲和好奇心是学生学习动机的奠基石。只要能把学生的求知欲和好奇心培养和激发出来,他们便会有兴趣去注意所学的内容,主动地去学习和发现问题。创设问题情境是一个非常有效的培养学生求知欲和好奇心的方法。问题情境能引出学生的好奇点,引起他们的疑惑、惊讶,从而产生求知欲和学习兴趣。因此,无论是在开展口译技能训练还是在进行口译项目模拟时都可以从创设问题情景出发,通过设计一些跟学生生活和学习内容密切相关的问题,引起学生的注意和兴趣。

比如,在第一堂口译课上,不妨从设立这样一个问题情景入手:21 世纪第一紧缺人才是哪个行业?为什么同声传译被称为4N(Nice)职业?带着这些问题,让学生上网浏览相关口译网站,了解目前国内的口译市场,让他们知道在 21 世纪中国紧缺人才排行榜上,同声传译位列榜首,是高薪、自由、高贵的“金领”职业,口译员能享用美味佳肴,结交达官显贵,参观风景名胜,赚取丰厚报酬。

这样,学生对同传译员的工作和生活便会产生好奇心,梦想自己有一天也能成为同传译员。学习动机就自然被激发出来了。

三、组建专业师资,树立学习榜样

榜样的力量是无穷的,教师的言行是每一个学生学习和模仿的榜样。捷克教育家夸美纽斯曾说过,教师的职责是用自己的榜样教育学生。学生具有向师性的特点,教师的言论和行动以及为人处世的态度对学生具有耳濡目染、潜移默化的作用。大量的观察、调查研究证明:教师在学生学习动机形成中是一个十分强有力的因素。当学生在某一学科领域以老师为偶像,当学生崇拜起老师时,那么学习动机自然就产生了。对于同声传译这样一门充满挑战、职业性和实践性极强的课程而言,专业师资的指导和帮助是学生学习动机得以激发和保持的关键。

深圳职业技术学院应用外国语学院院长徐小贞教授深知教师的榜样作用,因此在创立口译课程之初便组建了一支高水平专业口译教学团队。他们个个都是科班出身,毕业于国内重点高校,有国外学习或进修经历,获得全国翻译专业资格证书,既有扎实的口译理论功底,又有丰富的口译实战经验,是名副其实的"双师"型教学团队。本书作者以及另一位口译主讲教师(陈璇)在学院组织的首届青年教师基本功大赛中均获一等奖。这样一支教学队伍既能帮助学生形成一定的问题解决策略,又能为学生提供专业的口译示范,使其深深感受到口译的魅力和学习的乐趣。中国大部分学生对于老师的依赖程度很高。一旦学生认可了老师,信心也会大大增加。当老师充分赢取了学生的崇拜和信任后,学习动机的形成也就水到渠成了。事实上,深圳职业技术学院《商务现场口译》的主讲教师个个都拥有一大批学生"粉丝"。口译课成了该专业最受学生喜爱的课程之一。

四、设计特色课堂,模拟工作情景

除了专业的师资外,科学系统的课程设置和别具一格的教学组织同样会激发学生的学习动机。利用课程设置和教学设计的特点和优势可以帮助学生在心理上形成一种需要学习的内驱力和能够学好的心理暗示。科学的课程设置和独特的课堂设计，有利于营造良好的学习情境，集中学生注意力，启迪学生的思维，唤起求知欲，能增强学习的信心和积极性（曹钦琦等，2008）。因此，国家各级教育部门在设置一门课程时，应充分考虑到课程的具体特点以及学生的学习规律。任课老师在组织课堂教学时，也应该从学生的实际出发，既科学合理又别具一格地设计课堂。

基于以上关于课程设置和课堂教学的认识，依照口译训练的技能性、实践性以及阶段性原则，深圳职业技术学院商务英语专业《商务现场口译》课程组将工学结合、多元评估、项目教学等教育理念和方法植入口译训练，创立了包括“3P”口译课程设计模式、“3P”口译技能训练模式、“3P”口译项目实训模式、“3P”口译顶岗实习模式在内的“3P”系列口译训练模式（参见本章第二节）。该模式的最大特点是依据口译的工作过程和工作任务设置课程和安排教学，借助仿真的商务口译实训中心和科学的评估体系，结合真实的商务口译工作岗位，模拟常见的商务口译工作情景，让学生参与体验口译实践的各个环节，充分发挥学生的自主性。通过亲自参与和完成一项口译任务，学生觉得自己有能力做好此事，从而体验完成学习或工作任务后的成就感和满足感。这无疑会大大激发学生的学习热情。当学生顺利完成一个工作任务后，他们会期待下一个任务，学习的积极性得到了很好地保持。

五、“以赛促学”，成就激发动机

成就动机是学习动机的核心组成部分。美国学者麦克利兰认为，具有强烈的成就需求的人渴望将事情做得完美，提高工作效率，获得更大的成功，他们追求的是在争取成功的过程中克服困难、解决难题、努力奋斗的乐趣，以及成功之后的个人成就感。除了通过项目模拟体验激发学生成就动机外，竞赛也是激发学生成就动机的有效手段。关于学习竞赛的作用问题，国外许多心理学家都进行了竞赛组和无竞赛组对比实验研究。实验结果表明，竞赛对激发学习动机，提高成绩有积极作用。在竞赛过程中，学生的好胜动机和成就动机会更加强烈,学习兴趣和克服困难的毅力会大大增强,多数人在竞赛情况下学习和工作的效率会有很大的提高。

事实上,全国各大院校已经充分认识竞赛对于激发学生学习动机和增强学生职业技能的作用。"以赛促学"、"以赛促教"和"以赛促训"已经形成一种教学机制。八年前,深圳职业技术学院应用外国语学院启动了学生"培优计划",组建专业的学生竞赛指导团队,探索科学的竞赛人才选拔方法,建立系统的竞赛项目参与网络,制定合理的师生竞赛激励机制,开发特色的外语水平竞赛项目,其中就包括口译竞赛项目。学院每年定期举办商务口译大赛,选拔优秀人才参加全市翻译形象大使大赛、全省英语综合技能大赛、全国口译大赛和海峡两岸口译大赛,并获得了优异的成绩。口译竞赛不但为学院赢得了荣誉,也激发了外语专业学生的外语学习积极性,浓郁了整个学院的外语学习氛围。

六、"课证一体",证书激发动机

根据《中华人民共和国职业教育法》总则第八条,实施职业教育应当根据实际需要,同国家制定的职业分类和职业等级标准相适应,实行学历证书、培训证书和职业资格证书制度。根据这一要求,我国职业教育实行学业证书和职业资格证书"双证"制度,要求学生在校期间除了完成规定的学分课程学习外,还必须获得与所学专业配套的职业资格证书,获得"双证"的同学方可毕业。因此,获取证书构成了应用型高校学生学习动机的重要组成部分,因为获取证书不仅是证书持有者能力的直接体现,也是学生毕业前必须跨越的一道坎。根据国内学者对高校学生对外语学习动机的调查,80%的学生有证书动机(谭云杰,2001)。职业资格证书能提高学生的就业能力,是学生发展个性、感受自身价值和社会认可的重要前提。证书的导向性引导学生不断向更高层次进取,为他们提供学习的动力和奋斗目标(付俭,2002)。当学生认识到资格证书的经济和社会效应后,学习动机自然就激发出来了。

深圳职业技术学院商务英语专业将全国翻译专业资格(水平)考试(CATTI)和全国外语翻译证书考试(NAETI)以及全国国际商

务英语认证考试(CNBECT)纳入该专业学生毕业资格证书体系中,并在《商务现场口译》教学和测试中采用这三项证书考试的内容和形式,形成"课证一体化"的教学设计,这无疑大大激发了学生的口译学习积极性。国家人力资源和社会保障部颁发的 CATTI 口译证书、国家教育部考试中心颁发 NAETI 口译证书以及国家商务部颁发的 CNBECT 证书显然具有很高的含金量。该类证书获得者不但可以顺利毕业,而且还能作为跨入翻译职场的敲门砖。为了获得翻译证书,每年都有不少学生主动地进行针对性训练。有的学生甚至还投入重金报名参加各种口译培训班。这是口译学习动机得以激发和保持的最好证明。

同声传译是一门充满艰辛和挑战的职业。同传虽然被称为是日进斗金的"金饭碗",但要成为一名合格的同传译员却并非易事,非下苦工夫不可。学员在学习过程中需要面对各种挑战、克服重重困难。国内很多学员在困难和挑战面前,没有选择坚持到底,而是知难而退,中途放弃。这也是造成我国口译人才紧缺的主要原因之一。因此,在同传人才培养过程中,老师需要结合学生的具体特点以及译员的职业要求,开动脑筋,采取适当的措施去激发并保持学员的学习动机,使已形成的学习需要由潜在状态转入活动状态,产生源源不断的强烈学习愿望。

第二节　口译人才培养的"3P 模式"

随着国内外口译教学与研究的深入开展,各种形式的口译训练模式相继出现。比较突出的有"吉尔模式"、"厦大模式"、"广外模式"以及"3P 模式"(郭兰英,2007)。"3P 模式"是本书作者在建设 2006 年度国家级精品课程《商务现场口译》过程中提出的口译训练模式。"3P 模式"的最大特点在于将口译的"工作过程"纳入口译训练的范畴,并将一个个真实具体的工作任务作为口译训练的"学习领域"。"工作过程"是指为了完成一件工作任务并获得相应的工作成果而进行的一个完整的工作程序(姜大源,2007)。在职业行动情景中相互关联的任务结合便构成了该职业的"学习领域"。学习领域由能力描述的学习目标、任务陈述的学习内容和总量给定的学习时间等三个部分构成。每一个学习领域均以相应的职业行动能力为主要的参照系(姜大源,2004)。

一、"3P"口译过程模式

关于口译的工作过程,国内外学者虽有不同的论述,但大都集中于译员的思维过程,如本书第二章提到的巴黎释意学派三角模型、吉尔多任务处理模式、安德逊三段式认知模式等。然而,以上三个模式都只着眼于译员在口译现场的思维表现,并没有充分反映口译实践活动的全部过程。事实上,译员在口译发生之前就已经开始了紧张的准备工作。现场口译活动结束后,有经验的译员会对自己的临场表现征求听众和主办者的意见,并以回放录音或录像的形式加以自我总结和评估。由此可见,口译的工作过程分为译前准备(Preparing)、现场表现(Performing)和评估总结(Packaging)三个阶段符合口译实践的真实表现。"3P"口译过程模式正是基于此而提出的。

译前准备指的是实际口译任务开始前译员所做的一切准备工作。译前准备是整个口译活动的基础环节,离开准备谈口译是不切实际的。根据"厦大模式"(Xiada Model),口译是译员对来源语篇与跨文化交际成分进行分析之后,结合自己的语言以及语言外知识加以理解,应用一定的口译技巧并遵守一定的译员职业准则,用目的语对来源语的信息进行重组的过程(雷天放等,2006)。译前准备既包括语言、知识、技能、心理等方面的长期准备,也包括针对某一特定口译任务而做的短期准备。译员在口译现场的表现是具体口译活动实际发生的环节,是译员思维最为活跃和紧张的阶段。吉尔(2011)认为,无论是交替传译还是同声传译,都是一个理解、记忆、表达等多任务处理的过程,每一个任务分别占用译员一定的精力。吉尔将口译任务归纳为听力与分析、笔记及其解读、短期记忆、言语表达、任务协调五大模块。由此可见,口译现场可以看成是在译员协调任务支配下的由听辩、记忆和笔记再到表达的信息传递过程。译后的评估与总结是口译活动的延续,是译文质量得以提高的重要手段。在全国第八届口译大会上，厦门大学口译教学团队对“厦大模式”进行了详细阐释。他们除了将技能训练作为整个口译学习的中心环节外，还将译前准备与质量控制纳入了口译训练的范畴（参见附录九）。广东外语外贸大学蔡小红（2007）教授也指出，口译训练要求有一套有效的、操作性强的评估方法，以保证训练能循序渐进。由此可见，评估和总结是口译训练中一个不可或缺的环节。

综上所述，口译的工作过程从宏观上可分为译前准备、现场表现和评估总结三个阶段。其中，现场表现阶段是口译的主要环节，是在译员协调任务支配下的由听辩、记忆和笔记再到表达的信息传递过程。因此，口译的工作过程又可细分为准备、听辩、记忆、笔记、表达、协调和评估七个具体环节，如图 14 所示。

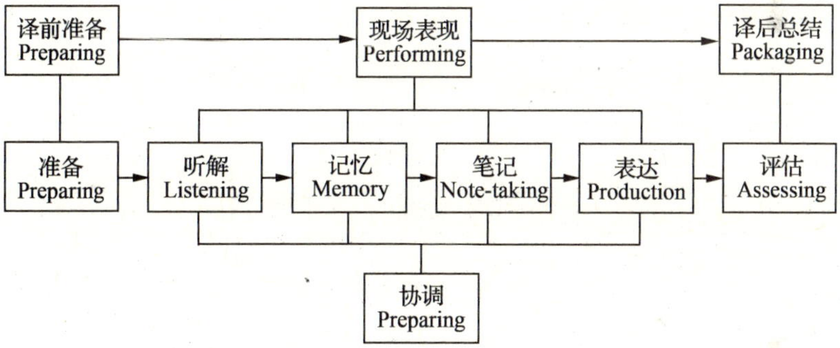

图 14　“3P”口译过程模式

二、“3P”口译课程设计模式

“3P”口译过程模式的提出为口译课程的设计提供了明晰的思路，即：口译课程在设置上应包括“译前准备”、“现场工作”以及“观摩点评”三类课程。广东外语外贸大学仲伟合教授（2007）也指出，口译训练应遵循技能性、实践性、理论性以及阶段性四个原则，教学安排分为基础技巧训练、口译操练、口译观摩与实践三个渐进阶段，努力实现课程立体化、内容系统化、练习真实化、学生中心化、教材多元化、技巧全面化、教师精英化以及目标职业化“八化”方针（这就是“广外模式”）。“广外模式”（Guangwai Model）为口译训练的“学习领域”圈定了范围，即：口译训练应包括技能学习、项目演练和现场实战。

受“厦大模式”和“广外模式”的启发，在“吉尔模式”和“3P”口译过程模式的指引下，结合多年口译教学和培训实践，作者提出了“3P”口译课程设计模式，将口译训练分为职业训导（Professional Training）、项目实训（Projects Simulation）和顶岗实习（Practical Work）三个层次。它们均以相应的职业行动能力为主要的参照系，有各自的学习目标、学习内容和学习时间，构成口译训练的主要“学习领域”，形成了一个完整的课程体系。

由于口译训练的特殊性，职业训导应安排在配有翻译训练系统以及自主学习平台的语言实验室，项目实训则最好安排在具有仿真效果、有录像设备的校内口译实训中心。在完成了口译技能和项目训练之后，有条件的学院应有针对性地安排学员到校内和校外实习基地开展口译现场观摩和实战，如图 15 所示。

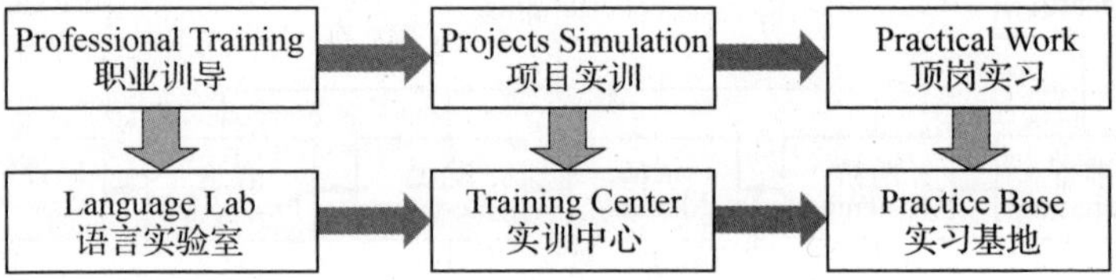

图 15 “3P”口译课程设计模式

职业训导是培养译员职业素质的重要阶段，既要对学生进行基于口译工作过程的、系统的口译技能训练，也要提高学员的语言和知识水平，还要加强对学生抗压能力等心理素质的培养。口译训练的技能性原则已经成为国内口译研究界的共识。“3P”口译过程模式的提出对于口译技能训练的具体内容及其安排有了明确的指导：口译职业技能训练可依据口译的“工作过程”依次开展准备、听辩、记忆、笔记、表达、协调和评估七大技能模块训练。七大技能模块明确提出了职业训导阶段的学习目标和学习内容，构成了一个完整有序的口译技能训练体系。学习目标以口译员的职业能力为参照，学习内容围绕各模块具体的口译技巧设置。考虑到国内大部分高校的实际情况，我校《商务现场口译》课程在每个技能模块分别设置了 2 个单元，共 14 单元（另外分别安排 2 课时期末复习和考试）。基于培养学生“自主学习”习惯的需要，本课程按照1:3

的时间比例要求学员在课外完成课堂所学技巧的巩固训练以及提高语言和知识水平以及抗压力的自主训练。具体安排如表1所示。

表1　口译职业训导教学安排

学习内容（口译技巧）			学习目标（职业能力）	学习时间	
				课内	课外
译前准备		口译概述	掌握口译特点、工作过程、译员基本要求	2学时	6学时
		译前准备	掌握准备的重要性、类别以及方法和内容	2学时	6学时
现场口译	听辩	积极听入	掌握听力的本质、问题诱因、原则和方法	2学时	6学时
		语篇分析	掌握语篇分析的方法以及常见的语篇类型	2学时	6学时
	记忆	记忆原理	掌握记忆特点与类别及记忆与口译的关系	2学时	6学时
		记忆技巧	掌握短时记忆的训练方法以及复述的技巧	2学时	6学时
	笔记	基本原则	掌握口译笔记的本质与特点以及基本原则	2学时	6学时
		常用符号	掌握符号笔记的优点以及常见的符号体系	2学时	6学时
	表达	公开演讲	掌握演讲的特点以及克服舞台怯场的方法	2学时	6学时
		信息重组	掌握表达的基本原则、问题诱因以及策略	2学时	6学时
	协调	文化意识	掌握文化冲突的本质及成语和幽默的翻译	2学时	6学时
		模糊表达	掌握语言的模糊性本质以及模糊表达策略	2学时	6学时
评估总结		质量控制	掌握口译评估标准以及不同评估者的期待	2学时	6学时
		水平测试	掌握国内外资格认证要求及自我评估方法	2学时	6学时

在项目实训阶段，主要是通过设计口译实践中可能出现的工作任务与情景，让学生以项目模拟的形式参与项目的准备、实施以及总结，提前熟悉未来的工作场景。任何职业技能的获得都离不

开具体的项目实践，口译更不例外。充分的、持之以恒的实践是口译技能获得的最重要途径。由此可见，在完成了第一阶段的职业技能训练后，非常有必要针对性地开展项目实训，检测和巩固职业训导阶段的口译技能以及语言、知识、心理等方面的学习效果。依据口译训练的实践性原则，项目实训的学习内容必须来源于口译实践中译员经常遇见的工作任务，如外事接待、项目推介、商务洽谈、国际合作、业务拓展等。这些项目便构成了学员在项目实训阶段的主要职业能力目标。每一个项目由若干个具体的项目情景构成。考虑到国内大部分高校教学周期的实际情况，我院《商务现场口译》课程选取了五个常见的商务口译工作任务模块，每个模块选取3个典型的项目情景作为学习内容，共计15单元（另外安排两课时的期末考试），并按照1∶3的时间比例要求学员在课外完成其他类似项目情景的自主演练与录像观摩。具体安排如表2所示。

表2　商务口译项目模拟教学安排

实训内容（项目情景）		实训目标（职业能力）	实训时间	
			课内	课外
商务接待	迎来送往	熟悉迎来送往口译工作情景、掌握迎来送往基本礼仪以及常用词汇和句型	2小时	6小时
	招待宴会	熟悉招待宴会口译工作情景、掌握招待宴会基本礼仪以及常用词汇和句型	2小时	6小时
	陪同考察	熟悉陪同考察口译工作情景、掌握陪同考察基本礼仪以及常用词汇和句型	2小时	6小时
商务介绍	机构介绍	熟悉机构介绍口译工作情景、掌握企业文化基本要素以及常用词汇和句型	2小时	6小时
	产品称述	熟悉产品称述口译工作情景、掌握产品促销基本手段以及常用词汇和句型	2小时	6小时
	政策宣传	熟悉政策宣传口译工作情景、掌握国内外基本商务政策以及常用词汇和句型	2小时	6小时

续表

实训内容（项目情景）		实训目标（职业能力）	实训时间	
			课内	课外
商务洽谈	专题会议	熟悉专题会议口译工作情景、掌握会议组织基本程序以及常用词汇和句型	2小时	6小时
	商务谈判	熟悉商务谈判口译工作情景、掌握商务谈判基本流程以及常用词汇和句型	2小时	6小时
	人物专访	熟悉人物专访口译工作情景、掌握人物专访基本要素以及常用词汇和句型	2小时	6小时
商务合作	国际交流	熟悉国际交流口译工作情景、掌握国际交流常见形式以及常用词汇和句型	2小时	6小时
	经贸论坛	熟悉经贸论坛口译工作情景、掌握经贸论坛组织形式以及常用词汇和句型	2小时	6小时
	招商引资	熟悉招商引资口译工作情景、掌握招商引资基本政策以及常用词汇和句型	2小时	6小时
商务拓展	国际会展	熟悉国际会展口译工作情景、掌握国际会展组织形式以及常用词汇和句型	2小时	6小时
	新闻发布	熟悉新闻发布口译工作情景、掌握新闻发布基本流程以及常用词汇和句型	2小时	6小时
	市场营销	熟悉市场营销口译工作情景、掌握市场营销常用手段以及常用词汇和句型	2小时	6小时

顶岗实习是让学生在真实的工作岗位上，在老师的指导下运用课堂所学，体验和完成实际的工作任务，为独立进入口译职场提前做好准备。经过口译职业训导和项目实训两个阶段的训练后，学员基本掌握了口译工作过程中的应对策略，有了一定的技能、语言、知识和心理准备，也熟悉了常见的口译工作任务和工作情景。此时，有条件的院校应该安排学员到校外的实习基地进行为期半年左右的顶岗实习。实习岗位的具体工作内容应该跟“项目实训”阶段的项目模拟内容基本一致。通过顶岗实习检验和强化前两个阶段的学习效果，为最后独立进入职场提前做准备。学员也可以

利用实习机会重新认识自己的工作能力,最终决定自己是否能够胜任口译的工作并将口译员作为自己就业的选择。具体的任务和时间安排如表3所示。

表3 口译顶岗实习教学安排

实习内容(项目任务)		实习目标(职业能力)	实习时间
实习准备	岗位介绍	了解实习岗位的工作职责和能力要求	半个月
	岗位观摩	学习实习岗位的工作流程和基本任务	半个月
岗位实操	项目接待	熟悉项目接待口译的基本内容和要求	半个月
	项目介绍	熟悉项目介绍口译的基本内容和要求	半个月
	项目洽谈	熟悉项目洽谈口译的基本内容和要求	半个月
	项目合作	熟悉项目合作口译的基本内容和要求	半个月
	项目拓展	熟悉项目拓展口译的基本内容和要求	半个月
实习总结	经验交流	总结实习经验,交流心得体会	半个月
	实习报告	审视自我工作能力,规划未来职业生涯	半个月

三、"3P"口译教学模式

对于刚刚接受口译职业训练的大部分学生而言,口译工作过程中所涉及的每一项技能都是新鲜的。依据循序渐进和讲练结合的教学原则,作者在开展具体口译职业技能训练过程中将课堂分为技能准备(Preparation)、技能讲解(Presentation)和技能练习(Practice)三个教学环节。在技能准备环节,采用创建问题情境的形式,设计一些跟单元技能相关的热身练习和讨论活动导入第二环节。在技能讲解环节,通过理论陈述和案例分析详细介绍具体技能的训练方法。第三环节是技能训练的重点,通过选择基于真实工作情景的素材开展不同形式的技能练习,布置相关的练习材料供学员课后自主训练,有针对性地强化具体口译技能的习得。本文将该模式命名为"3P"口译职业训导模式。本人多年的教学实践证明该模式操作方便,效果显著,无论是老师还是学生都能按照计划有条不紊地进行所有内容的教学。

根据项目教学法,学习过程可以分解为一个个具体的行动项目，按照行动回路进行教学思路的设计，不仅传授给学生理论知识和操作技能，更重要的是培养他们的职业能力，其一般流程分为准备、实施和评价（杨文明，2008）。因此，在口译项目模拟实训阶段，按照项目准备（Preparing）、项目实施（Performing）和项目总结（Packaging）三个阶段依次组织教学和训练。在项目准备阶段，熟悉一些主题项目的文化背景、基础词汇、专业术语和常用句型并进行角色分配，明确各自的任务。在项目实施阶段，采用小组模拟以及现场实战的形式展开项目演练，老师和其他学员则借助评估表对小组成员的表现进行评价打分。在项目总结阶段，借助录像或录音对项目模拟和实战部分进行回放，结合评估表的记录情况加以分析和反馈。

顶岗实习分实习准备（Preparing）、岗位实操（Performing）、实习总结（Packaging）三个阶段。我们不妨也称之为“3P”口译顶岗实习模式。在进入具体的工作岗位前，有必要让企业兼职教师介绍相关工作岗位的职责并让学员对该岗位进行一段时间的观摩。结合高校的教学实际，我们可以在实习准备阶段安排一个月时间让学员去了解各自实习岗位的职责和任务。在完成了实习准备后，学员便可以逐一到各个岗位在老师的指导下进行项目实战了。每个岗位轮流实习半个月。当然，在顶岗实习过程中，学员要详细记录自己的工作内容和工作心得，为实习总结和交流积累素材。最终，根据实习单位鉴定以及实习报告内容对学员进行考核。

“3P”口译课程设计中的“职业训导”、“项目实训”和“顶岗实习”构成一个完整的体系，与“3P”口译过程模式中“译前准备”、“现场表现”和“评估总结”相呼应，如图16所示。“职业训导”目的在于培养学员的职业素养，为学员“顶岗实习”做好技能、语言、知识、心理等方面的准备。而“项目实训”既是对“职业素养”的巩固，也是“顶岗实习”的预演，通过一个个基于真实工作情景的项目模拟，提前熟悉未来的工作任务。“顶岗实习”则是对“职业训导”和“项目实训”学习效果的检测和总结。三者相辅相成、融为一体。

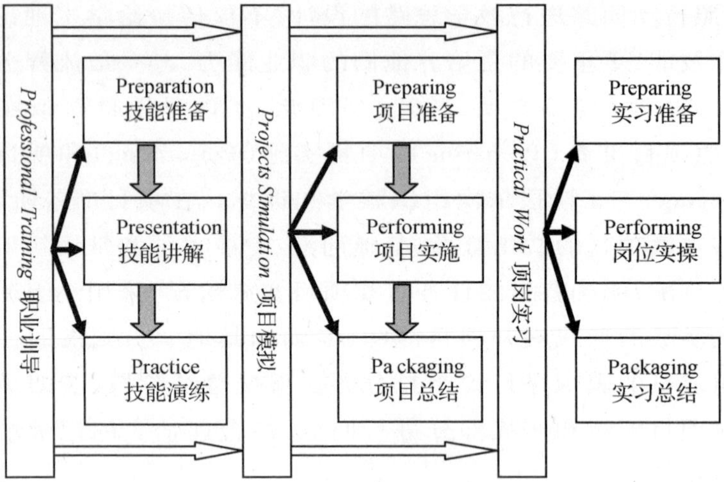

图 16 "3P"系列口译训练模式

第三节 多元化口译评估体系的构建

目前,无论是国内各高校在制定口译教学大纲时,还是各口译资格认证考试中心在评判考生成绩时,均制定了一套自己的口译质量评估体系。但现有的评估体系在评估主体、评估标准等方面大都带有不同程度的片面性,无法满足口译教学以及资格认证的实际需要。实践表明,许多学生虽然得到了口译任课老师给出的高分或者得到了相关级别的口译资格证书却无法承担真正的口译任务。这一现状跟国内口译质量研究滞后以及现有的口译教学评估体系存在问题有很大关系。本节通过对国内口译评估研究和口译教学评估的现状分析,提出了构建多元化口译评估体系的设想,并以深圳职业技术学院《商务现场口译》为例具体分析了口译教学评估的操作方法。

一、国内口译教学评估与口译评估研究的现状分析

本人利用参加全国高校口译教学研讨会、全国英语口笔译翻译教学与实践高级研讨班以及全国口译大会的机会,多次与广东外语外贸大学的蔡小红及仲伟合、北京语言大学的刘和平、上海外

国语大学的柴明颎、厦门大学的陈菁等口译专家以及来自全国各地高校的口译老师就口译教学评估进行了讨论交流。另外，本人还通过电子邮件的形式对参加全国高校口译教学研讨会的部分学员和与会者进行了问卷调查，收到了许多代表的有效回复。根据研讨会上的交流情况以及会后的问卷调查，本人发现，目前国内口译教学评估中主要存在以下问题：

第一，口译教学人员对口译质量评估的认识和研究有待加强。口译课程是最近几年才在国内高校大规模开设起来的。由于受师资条件的限制，目前国内除了为数不多的几所大学具有比较专业的口译教师外，全国其他大部分高校的口译教学人员有相当一部分没有接受过系统的口译技能和口译教学培训，对口译质量评估的认识不够深刻。因此，大部分老师依然采取传统的评估方法对学生的口译能力进行评估。这显然与口译教学的规律相背离，势必对口译教学的效果造成不利影响。

第二，口译教学评估的价值取向存在偏差。受各地学校管理模式以及传统教学评估理念的影响，有相当一部分高校的口译教学评估很大程度上仍然局限于为教学管理服务。很多高校的口译教学评估流于形式，以考代评的现象比较普遍。评估的结果不是用来反映学生的真实口译能力，更多的是用来判断学生是否能够获得口译课程的学分。评估成了教师和学校管理学生的主要手段和法宝。这种价值取向不利于学生的学习动机和学习目标的形成，势必误导口译课程的教学方向以及口译技能的训练方法。

第三，口译教学评估的主体单一，忽视了评估主体的多元性。问卷调查结果显示，由于管理模式、师资条件、资金水平等方面的原因，大部分学校在对学生口译能力的评估过程中只有任课老师一人参加，基本上没有形成教师、学生、校外机构等多元主体共同参与的评估体系，忽视了自我评估和社会评估的价值。这种由任课老师一人进行评估的方式显然会影响评估的客观性和公正性。

第四，评估方式单一，评估标准过于简单。问卷调查结果显示，在口译教学评估中，大部分口译老师采用“平时成绩 + 期末考试”的方式对学生进行口译能力评估。平时成绩参考指标也大都是学生的出勤率、课堂表现、作业完成情况等。国内只有极少数的学校建立了校内口译实训室和校外口译实习基地。因此,大部分老师无法观察学生在真实口译场合或模拟现场环境的口译表现。这种简单地在教室组织一场考试的评估方式显然无法真正反映学生的真实口译水平。

相对于西方而言,我国的口译研究起步较晚。进入 90 年代中后期,我国的口译理论研究才呈现迅速发展的态势,口译教学也逐步走上了职业化、科学化和规范化的道路(刘和平,2005)。然而,作为口译教学中的重要一环,质量评估方面的研究却显得异常不足。正如蔡小红教授(2004)指出的那样:现在我们经常可以在一些学术性翻译杂志上看到口译研究的文章,但是很少看到关于口译质量评估的文章。

随着两年一届的全国口译理论与教学研讨会的成功举办,口译质量评估已经逐步引起国内口译界的重视。在 2002 年以及 2004 年的口译研讨会上,有不少论文涉及口译质量评估。在 2006 年十月召开的第六届全国口译大会上,口译的质量评估更是进入了大会的主题,即:进入 21 世纪的高质量口译,其中有多篇谈论口译质量与评估的主题发言,而且在分组会议中还特别设有口译质量和评估专题。

在国内口译质量评估研究中成绩最突出的当属蔡小红教授。早在 1992 年蔡教授便在《现代外语》上发表了《口译课效果评估初探》。2002 年她主编了国内第一部口译论文集《口译研究新探——新方法、新观念、新趋势》,其中收集了 11 篇关于口译质量评估的文章。2003 年,蔡教授又分别在《外语与外语教学》和《外国语》上发表了《论口译的质量与效果评估》和《论口译质量评估的信息单位》。2004 年和 2005 年,蔡教授在《中国翻译》上发表了《口译质量评估研究的历史回顾》和《论口译教学训练评估》。2007 年,蔡教授完成了国内第一部口译评估论著《口译评估》的撰写并由中国对外翻译出版公司出版发行。

《口译评估》专门探讨口译评估研究的基本问题以及口译评估方法论,并通过从口译职业市场的现状到职业能力评估与服务质量评估的类别、方法等，分析和评述现行的职业评估模式。全书共六章，即：口译质量评估研究的历史回顾、口译质量评估的基本问题、职业口译评估、口译教学培训评估、口译研究评估、思考与建议。该书的出版为口译评估提供了方法论指导。

口译质量评估在口译教学与培训中占有十分重要的位置。但如何开展对学员口译能力的评估却一直是困扰口译教学的一大难题，因为评估既要考虑科学客观，又要照顾特定的训练目标和技能；既要关注普遍的水平，又不能忽视个人的需要；既要把握训练进度，又要注重心理素质的锻炼与培养（蔡小红，2005）。口译质量评估是对口译活动质量高低、译文优劣的衡量，口译质量评估有其特有的参数指标，完整的评估体系是由一系列评测考核构建起来的（蔡小红，2002）。教师与学生应一起讨论、分析、诊断，并建立整个教学过程的学生口译能力评估档案，记录语言水平测试与认知能力测试相结合，回顾性与前瞻性评估相结合，集体评估、小组评估、自我评估相结合的一系列数据（蔡小红，2005）。

教学评估作为教育评价的一部分是从 20 世纪 30 年代开始研究的。在经历了“测量时期”、“描述时期”和“判断时期”三个理论阶段后，20 世纪 70 年代后期出现了强调评估是一种“心理建构”的第四代教育评价理念（徐小贞，2006）。这一时期的教育评价提倡价值多元，全面参与和共同建构，强调评估的多元化，在评估活动中积极实施评估内容、评估主体、评估方式、评估过程和评估结果的多元化。口译教学评估有其特有的评估主体、评估内容、评估标准、评估方式和评估手段，它们共同构成了一个多元化的评估体系。

二、口译教学评估主体

在口译教学中，评估可分为由学校老师和学生进行的校内单向评估和学校与校外职业机构进行的合作评估（蔡小红，2005）。口译教学不能仅仅停留在课堂上，教学评估也不能仅仅停留在校内课堂评估，参与口译教学评估的主体不仅要有学校的老师和同学，也要有校外的用人单位和社会机构。任课老师、外籍专家、教师同行、学生本人、学生团队、社会机构共同构成了一个口译教学的多元评估主体。多个主体共同参与评估，可以从多方面、多角度出发对教学活动进行更全面、更科学、更客观的评估。

作为口译教学的组织者，任课老师当然是教学评估中的主要发言人。无论是在平时的课堂评估，还是期末评估，甚至是与校外的合作评估，口译任课老师都应发挥积极的作用。但是，任课老师不能主宰整个教学评估。如果条件允许，对于一些人才选拔、期末考试等重要的校内评估，除了任课老师外，还应邀请具有一定口译实践和教学经验的同事以及相关语种外籍教师共同参与评估以保证评估的公平客观。

作为口译教学和评估的对象，学生本人以及学生所在的团队也要参与评估。在正确的技能意识指导下的自我评估以及同学之间的互相评估是非常有效的口译训练促进剂。学生对口译质量进行自评与互评能使他们更自觉地注意自己的口译效果，主动地分析成因从而进一步提高训练的动力。

另外，口译是一门以技能训练为核心的、实践性极强的课程，口译教学的效果必须经过校外用人单位的检验。因此，学校应该积极为学生创造条件建立校内模拟实训室以及校外口译实习基地，老师也应该鼓励学生积极参与校外的口译实践并给予一定的指导和帮助。从这个意义上讲，口译教学评估不仅仅是学校内部老师和学生之间的事，还应鼓励社会机构参与到口译教学评估中来。

三、口译教学评估方式

教学评估的方式有诊断性、形成性和总结性评估三种类型（徐小贞，2006）。所谓诊断性评估（Diagnostic Evaluation）是指在教学目标设定以后，在开展具体的教学活动之前，为了弄清学生在此前的学习状况，有效地开展计划的教学活动而进行的一种“事前评价”。形成性评估（Formative Evaluation）则是指在教学过程中所进行的一种持续的教学跟踪评价。总结性评估（Summative Evaluation）是指一段时期的教学结束之后对学习效果进行考察和评定的一种教学评价。在教学过程中的不同时段，对学生分别实施不同形式的评价有利于评估和教学过程相结合，考查学生成绩背后的动机取向和努力程度。

这三种评估方式同样适用于口译教学。口译是一门专业要求很高的职业，译员必须具备扎实的双语功底、广博的知识面、良好的记忆能力和稳健的心理素质（梅德明，2000）。在接受口译训练之前，通过组织诊断性评估，老师可以明确学生对口译学习的准备情况和问题所在，了解全班同学的双语水平、知识面、记忆能力、心理素质等方面的一些基本情况，以便制定有针对性的口译教学计划。

在了解了学员的译前准备情况之后，任课老师还应在整个口译教学过程中通过不同形式的评价手段跟踪学员的学习情况。口译教学以分阶段向学生传授记忆、演讲、笔记等口译技能为主要训练原则（仲伟合，2006）。通过形成性评估，老师可以了解学生在不同阶段对各种口译技能的掌握情况。根据所反馈的结果，老师能够及时修正后续的教学目标、内容和方法，从而提高教学效果。

同其他课程一样，口译课也需要一个总结性的评估，用以评价整个口译教学的效果以及学生的综合口译能力。但是，要注意的是总结性评估不能简单组织一场考试就了事，而是应根据整个教学过程中不同阶段、不同形式的评估结果做出一个整体评价。任课老师可以从学生个体平时的校内学习和校外实践中收集的评估证据，结合校内同事、外籍专家以及校外相关机构的意见给出一个相对全面和客观的评价。

四、口译教学评估内容

口译质量评估不但是对译员译语质量的评估，也是对译员在工作中语言运用、心理素质、认知活动的了解（蔡小红，2002）。口译质量评估实际上就是对译员整体素质的评价。国际会议译员协会的章程中明确要求译员成为高素质的双语专家，熟练掌握各类口译技巧，深入了解会议专题知识并成为知识广博的“杂家”，还要有稳定的心理素质和高尚的职业素养（张维为，2011）。因此，译员的语言水平、知识结构、口译技巧、心理素质以及职业素养便构成了口译质量评估的具体内容。

口译是一种双语转换的交际行为。译员的双语水平是我们首先要评估的对象。合格的译员必须有深厚的语言功底。语言功底既包括外语水平,也包括本国语言的修养。译员要有良好的语音基础、敏锐的听力、超常的词汇量、良好的语感、灵活的表达能力以及广阔的语言文化背景知识。

当然,译员光有扎实的语言基本功是远远不够的,合格的译员还必须有广博的知识。译员的接触面很广,随时随地都有可能遇到各种话题。口译的内容可以涉及人类社会的所有领域。因此,译员还必须掌握丰富全面的百科知识,拥有较高的文化修养,能博古通今并熟悉各行各业。

除了良好的双语能力以及广博的知识面外,译员还必须掌握一定的口译技巧,如耳听会意、笔头速记、语言表述、主题借用、论点预测、信息归纳、生词解意、寓意揣摩、话语转承、语码重组、场景利用、障碍排除等(梅德明,2003)。口译还是一门技术性很强的语言艺术,口译成功与否在很大程度上取决于口译技巧的掌握和运用。

口译工作总是在大庭广众之下进行的,合格的译员必须具有良好的心理素质。译员要注意突破心理障碍,努力战胜自己,培养从容面对听众的心理素质。优秀的译员无论在任何场合,都应该表现得自信、谦和、安详、稳重,不要顺利时忘乎所以,碰到困难时惊慌失措。

此外,口译是一门专业要求很高的职业,合格的译员还必须有强烈的责任感和良好的职业道德。译员要有良好的政治思想素质,努力忠实原意,不喧宾夺主,译前认真准备,译后注意总结提高。由此可见,译员的心理素质和职业素养也应纳入教学评估的内容当中。

五、口译教学评估标准

口译标准是口译教学评估的尺度。制定口译的标准可以对学生所获得的知识和技能进行有针对性的评估。但是,标准不能是“经验谈”,它必须具有一定的理论指导性和科学性,也应具有相当的可行性。国内口译界一般把口译的标准定义为“准确、通顺、及时”(张维为,2011)。这个标准涉及口译过程中的信息传递、语言使用、译文表述、译反应速度等。在口译教学评估中,我们可以参照这一标准建立具体的、细化的、可操作的评估表。

目前,国内有许多现成的口译评估表可以借鉴。例如,鲍刚(2005)的“口译竞赛评估表”分别设计了内容、隐含意义、数字、专有名词和头衔、译语表达以及沟通效果六个栏目,采用定性的方法对口译质量进行评估;刘和平(2001)的“口译测试评估表”分别从反应速度、理解、表达和心理素质四个方面,采用扣分的方法对学员的口译水平进行评估;厦门大学林郁如等人则采用考核打分的模式分别从信息传递、语言使用、译文表述以及综合素质对译员的口译能力加以评定(肖晓燕,2003);台湾辅仁大学的杨承淑(2005)从忠实、表达、语言以及时间控制(总分 +/-2)四方面设定了一个“量化”和“质化”的“口译考试评分表”。

比较鲍刚等四人的口译评估表(参见附录十),不难发现,它们实际上大同小异。这些评估表的评鉴项目和所占分值虽然有所不同,但都是在口译标准的指导下设定的。在实际的口译教学评估中,我们可以借鉴其中的一个,也可以在此基础上设定更加具体的评估指标。本人更倾向于厦门大学的考核打分模式,因为该模式不但有详细的评分标准和量化的评分表,还设有评估人的评语一栏,对学生的口译质量既进行定量分析又进行定性分析。厦门大学考核打分模式所涉及的信息传递、语言使用、译文表述以及综合素质同样也构成一个多元化的评估标准。

六、口译教学评估手段

口译译员作为一门职业已经得到社会的广泛认可。大多数的口译培训机构都是以培养能胜任各种传译工作的译员为主要目标。作为一门专业要求很高的职业,译员必须在语言、知识、技能、素养等方面具有很强的职业能力。职业能力是一个复杂的概念。

它有着多种维度，仅仅对学生进行纸笔测验或考察学生的部分操作水平是不能充分证明学生能力的。能力大都隐藏在多种外部表现的背后，故必须有不同的评估人员参照对应的评估标准，利用多种途径和方法，在不同时段对学员进行多次观察、评估、测试和分析，才能对职业能力进行多维度的准确评价（徐小贞，2006）。口译教学评估应符合口译职业能力的多种维度，利用多种途径和方法对学员进行评估，如考核评定、现场观察、用户反馈、记录检测等。

考核评定是我们最熟悉、最常用的评估手段。深圳职业技术学院采用形成性评估和总结性评估相结合的评分方法对学生的口译成绩进行评定（参见附录十一）。其中，平时成绩占总成绩的60%，期末考试成绩占40%。我们建立学生平时成绩档案，记录学生的出勤情况、课堂表现、课外作业、小组模拟、平时测试、校外实践等成绩。期末考试采用一对一口试和小组模拟结合的形式。在一对一口试阶段，由学员随即从题库中抽取一道题现场口译，考官分别从信息传递、语言使用、译文表述、综合素质四个方面现场给学员打分；在小组项目模拟阶段，各组组长分别从题库中抽取一个任务情景，然后准备10分钟，分配好角色，现场模拟演讲和口译的情景，考官则分别从内容、语言、配合、仪态四个方面现场给学员打分。

除了考核评定以外，现场观察以及用户反馈也是口译教学评估中非常有效的手段。口译的职业能力更多是体现在口译现场。作为一门以技能训练为核心的实践课，口译教学应鼓励学生参加模拟表演，如有机会还应组织学生参加校外口译实践。学生的模拟表演以及现场的口译实践给了任课老师、学生团队以及社会机构参与口译质量评估的好机会。评估人员通过现场观察和对用户进行问卷调查所获得的学生口译能力的评估证据是最直接的。此时获得的证据显然要比一场考核评定的结果更加真实和具体。

另外，记录检测也是一个很好的教学评估手段。评估人员可以对学生的口译进行录音或录像，然后反复播放并加以记录和检测，获得关于信息遗漏、译员口头禅、反应速度、语言使用等一系列科学和客观的数据。通过对这些数据分析所做出的关于学生口译能力的评价显然是很有针对性的，也是非常具有说服力的。

鉴于目前国内高校中的口译教学评估存在的问题，许多口译教学和评估人员无章可循，被评估人员也不知所评何为，本节对口译教学评估的主体、内容、标准、方式和手段逐一进行了分析，力求建立一个比较完整的多元化评估体系，如图 17 所示。希望本项研究能对全国各高校的口译教学有所帮助。当然，各高校的口译教学和研究人员应该立足于所在学校的实际情况，在科学的评估理论的指导下建立具有各自特色的口译教学评估体系。

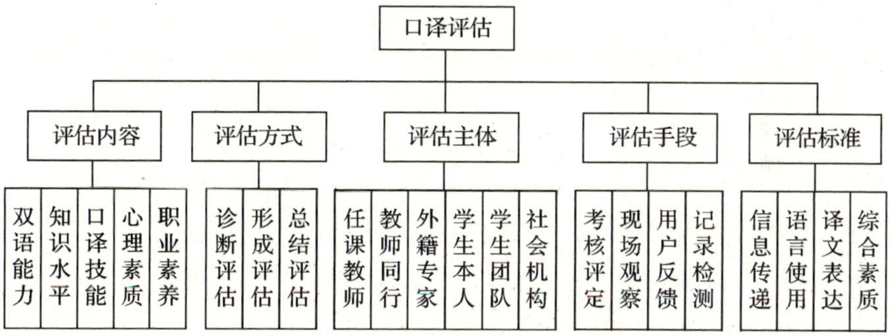

图 17　多元化口译教学评估体系

参考文献

[1] 张祖忻. 如何将动机原理整合于教学设计过程[J]. 开放教育研究，2003(2).

[2] 马良诚. 动机与人格[M]. 西安：陕西师范大学出版社，2010.

[3] 曹钦琦等. 动机理论对大学英语课堂任务设计的启示[J]. 钦州学院学报，2008(2).

[4] 谭云杰. 外语学习的证书动机及相应的教学策略[J]. 湖南医科大学学报，2001(4).

[5] 付俭. 实行职业资格证书制度，促进学生学习积极性[J]. 安顺师专学报，2002(2).

[6] 郭兰英. 口译与口译人才培养研究[M]. 北京：科学出版社，2007.

[7] 姜大源. 德国职业教育学习领域的课程方案研究[J]. 中国职业技术教育，2007(1).

[8] 姜大源. 学习领域——工作过程导向的课程模式[J]. 职教论坛,2004(8).
[9] 雷天放等. 口译教程[M]. 上海:上海外语教育出版社,2006.
[10] 吉尔. 口笔译训练的基本概念和模型[M]. 上海:上海外语教育出版社,2011.
[11] 蔡小红. 口译评估[M]. 北京:中国对外翻译出版公司,2007.
[12] 仲伟合. 口译课程设置与口译教学原则[J]. 中国翻译,2007(1).
[13] 杨文明. 高职项目教学理论与行动研究[M]. 北京:科学出版社,2008.
[14] 刘和平. 口译理论与教学[M]. 北京:中国对外翻译出版公司,2005.
[15] 蔡小红等. 口译质量评估研究的历史回顾[J]. 中国翻译,2004(3).
[16] 蔡小红. 口译课效果评估初探[J]. 现代外语, 1992(2).
[17] 蔡小红. 口译研究新探——新方法、新观念、新趋势[C]. 香港:开益出版社,2002.
[18] 蔡小红. 论口译教学训练评估[J]. 中国翻译, 2005(6).
[19] 蔡小红. 论口译质量评估的信息单位[J]. 外国语, 2003(5).
[20] 蔡小红等. 论口译的质量与效果评估[J]. 外语与外语教学,2003(3).
[21] 徐小贞. 中国高职英语专业教育理论研究[M]. 北京:外语教学与研究出版社,2006.
[22] 梅德明. 高级口译教程[M]. 上海:上海外语教育出版社,2000.
[23] 仲伟合. 英语口译教程[M]. 北京:高等教育出版社,2006.
[24] 张维为. 英汉同声传译(修订版)[M]. 上海:上海外语教育出版社,2011.
[25] 梅德明. 英语口译教程[M]. 北京:高等教育出版社,2003.
[26] 鲍刚. 口译理论概述[M]. 北京:中国对外翻译出版公司,2005.
[27] 刘和平. 口译技巧[M]. 北京:中国对外翻译出版公司,2001.
[28] 肖晓燕. 英语口译资格证书考试1—4级模拟题集锦[M]. 厦门:鹭江出版社,2003.
[29] 杨承淑. 口译教学研究:理论与实践[M]. 北京:中国对外翻译出版公司,2005.

第六章　同传译员的资格认证

导读

口译是一门古老的职业，但一直没有一个固定的职业身份和明确的工作界定。由于口译市场缺乏专业化的规范运作，无论是口译培训还是口译评估和资格认证都存在标准不统一的问题，既没有一套专业化的操作规范，也没有专业的协会组织统一管理，结果造成口译市场混乱，译员水平良莠不齐，雇用机构抱怨不断。因此，对口译，特别是对同传的职业资格进行统一的、规范的、权威的、可持续的认证势在必行。本章分析了职业资格认证的概念、目的和原则，探讨了我国口译职业资格认证的现状，提出了同传译员职业资格认证的基本原则。

思考题

1. 什么是职业资格认证？为什么要开展国家职业资格认证？我国目前的职业资格认证存在哪些问题？

2. 口译要实现职业化应满足哪些条件？国际上有哪些口译职业资格认证形式？我们有必要在全国范围实行口译职业资格认证制度吗？

3. 你认为口译的职业资格应由谁来认证？如何保证口译职业资格认证的科学性和权威性？你认为有必要对职业译员开展持续性的考核和评估吗？

第一节 职业资格与职业资格认证

一、职业资格认证的概念

根据国家人力资源与社会保障部制定的《职业资格证书制度暂行办法》(参见附录十二),职业资格是对从事某一职业所必备的学识、技术和能力的基本要求。职业资格包括从业资格和执业资格。从业资格是政府规定专业技术人员从事某种专业技术性工作的学识、技术和能力的起点标准;执业资格是政府对某些责任较大、社会通用性强、关系公共利益的专业技术工作实行的准入控制,是专业技术人员依法独立开业或独立从事某种专业技术工作学识、技术和能力的必备标准。与学历、文凭不同,职业资格与职业劳动的具体要求密切结合,更直接、更准确地反映了特定职业的实际工作标准和操作规范以及劳动者从事该职业所达到的实际工作能力水平。

每一种职业类别都有相应的技能标准和职业资格,需要经由有关部门认证。1995 年颁布的《中华人民共和国劳动法》(以下简称《劳动法》)第八章第六十九条明确规定:“国家确定职业分类,对规定的职业制定职业技能标准,实行职业资格证书制度,由经过政府批准的考核鉴定机构负责对劳动者实施职业技能考核鉴定。”另外,1995 年颁布的《中华人民共和国职业教育法》(以下简称《职业教育法》)第一章第八条也规定:“实施职业教育应当根据实际需要,同国家制定的职业分类和职业等级标准相适应,实行学历证书、培训证书和职业资格证书制度。”《劳动法》和《职业教育法》的颁布和实施为职业资格认证提供了法理依据。

职业资格需要通过认证方能获得。职业资格认证是按照国家制定的职业技能标准或任职资格条件,通过政府认定的考核鉴定机构,对劳动者的技能水平或职业资格进行客观公正、科学规范的评价与鉴定,包括职业资格考核、职业资格鉴定、职业资格证书颁发与审核等一系列活动。职业资格证书表明劳动者具有从事某一职业所必备的学识和技能，是求职、任职、从业的资格凭证，是用人单位招聘、录用劳动者的主要依据，也是境外就业、对外劳务合作人员办理技能水平公证的有效证件。

我国目前的职业资格认证主要由人力资源和社会保障部通过学历认证、资格考试、专家评定、职业技能鉴定等方式进行评价，对合格者授予国家职业资格证书。我国与职业相关的资格认证分为两大类，一类是国家强制性的“执业资格认证”，另一类是非强制性的“职业资格（水平）认证”。

执业资格认证是国家对某行业或领域的从业人员采取的强制性认证行为，只有获得该资格认证的人才能够在这一行业或领域的岗位上工作。这类认证带有国家性、强制性、权威性和必须性的特点。例如，我国针对律师、教师、医生等职业颁布了专门法律，规定必须持证上岗。根据相关法律规定，只有通过了“全国统一司法考试和认证”的人才能成为从业律师；只有获得“教师资格证书”的人才能从事教学工作；只有获得了“执业医师资格证”的人才能够成为从业医生。一般而言，执业资格证书涉及与国家权力、社会公共利益等有紧密联系的行业或领域，其认证必须由政府主持进行。

职业资格（水平）认证同样也与某行业的岗位有关，是对该行业或领域某一岗位上的从业人员是否具备相应的水平、水平达到哪一个等级的评价。职业资格（水平）认证与执业资格认证的区别在于它是对某一岗位从业人员的水平或能力的一种评价和认证，往往不具有国家强制性和必须性。例如，“国家职业经理人资格认证”（CCMC）、“全国翻译专业资格（水平）考试”（CATTI）等就属于职业资格（水平）认证。CCMC 是对参试人员在管理领域综合能力的证明；CATTI 是对参试人员口译或笔译方面的双语互译能力和水平的认定。目前，国家尚未对职业经理人、翻译等出台强制性的职业准入规定。

二、职业资格认证的目的

职业资格认证制度是我国劳动力就业的一项重要制度。在我国，尽管职业资格证书制度建立时间还不长，但无论从现实还是长远看，职业资格证书制度的建立和实施，意义重大而深远（朴明吉：2008）。

首先，开展职业技能鉴定，推行职业资格证书制度，是落实党中央、国务院提出的“科教兴国”战略的重要举措。其次，开展职业技能鉴定，推行职业资格证书制度，是提高我国劳动者素质、规范人力资源市场、培养技能型人才的一项战略措施。再次，开展职业技能鉴定，推行职业资格证书制度，是贯彻《劳动法》、《职业教育法》以及《职业资格证书制度暂行办法》的重要表现。

根据国家人力资源和社会保障部 2000 年出台的《关于大力推进职业资格证书制度建设的若干意见》，我国之所以要开展职业资格认证主要基于以下几个目的：

第一，推进职业资格证书制度建设，全面提高劳动者素质。在全社会实行学业证书、职业资格证书并重的制度，是我国劳动力资源开发的重要举措，对全面提高劳动者素质、培育和发展劳动力市场、促进培训与就业结合具有重要作用。

第二，落实就业准入政策，促进职业资格证书制度与就业制度、培训制度和企业劳动工资制度相衔接，从而使职业资格证书成为引导培训方向、检验培训质量的重要手段，使职业资格证书成为企业劳动工资管理的重要依据和工具。

第三，拓展职业技能鉴定工作领域，满足劳动力市场发展需要，引导企业完成企业内工人考核向职业技能鉴定社会化管理过渡，探索社会化管理与企业生产经营实际相结合的鉴定方式。

第四，加强基础工作建设，提高工作队伍素质，完善职业技能鉴定质量保证体系，统一鉴定单位条件、统一考评人员资格、统一命题管理、统一考务管理和统一证书管理，从而提高社会各界对职业资格证书制度的认识，扩大职业资格证书的社会影响力。

推行国家职业资格证书制度也得到了国内许多学者的认同。朴明吉（2008）认为，推行国家职业资格证书制度是知识经济时代发展的需要，是与国际人力资源管理接轨的需要，是提高劳动者整体素质和促进就业的需要，是促进劳动力市场建设、加速社会人力资源优化配置的需要。另外,张明德(2004)指出,推行职业资格证书制度有利于打破文凭独尊天下的局面,克服了传统教育文化的狭猛性,打开了个人发展的广阔空间,避免了人力资源结构的空洞现象,使人力资源结构趋于合理。在《对国家职业资格证书制度的再认识》一文中,张明德(2004)对国家职业资格证书制度的特点进行了比较全面的总结:

第一,国家职业资格证书制度具有战略性。职业资格证书制度是我国经济社会发展战略的重要内容之一。我国要实现人口大国向人力资源大国的转变,必须长期实行职业资格准入制度。只有实行职业资格证书制度,事关全局和长远的人力战略转移才能得以实现,中华民族振兴的伟大目标才能成为现实。

第二,国家职业资格证书制度具有全民性。职业资格证书制度无学历壁垒、阶层壁垒、城乡壁垒以及户籍壁垒。它坦诚面向所有劳动群众,是大众的公共物品。特别是对待社会底层的人群以及待就业人群,国家职业资格证书制度能及时给予制度扶持。因此,它最能体现受教育权利平等和劳动生存权利平等。

第三,国家职业资格证书制度具有科学性。职业资格证书制度的核心是职业资格。职业资格的标准化设计和职业资格鉴定的程序化设计是经过相关方的专家和学者在研究我国产业及职业结构内容、科技发展水平、国际有关经验及本国经验教训基础上设计而成的,因而它紧贴实际、简明实用、操作性强,是科学的。

第四,国家职业资格证书制度具有公正性。根据国家职业资格证书制度,同职业、同岗位实行同一标准和鉴定规范,不留因人而异空间。实行"做考分离"和"教考分离",由具有认定资格的人实施资格认定(即:第三方认定),因而保证了职业资格证书的客观公正性。

第五,国家职业资格证书制度具有导向性。职业资格证书制度对职业教育和职业培训的专业开发、教育资源配置、教学方法选择、管理制度创新等方面都具有强烈的导向色彩。另外,职业资格证书制度对个体职业定向、职业选择、职业转移、对于组织的人力资源开发也都具有重要的导向作用。

三、职业资格认证的原则

毫无疑问,建立国家职业资格认证制度是必要的。鉴于目前国内职业资格认证存在的问题以及国外发达国家职业资格认证制度的启发,我们以为我国的职业资格认证应围绕以下三个原则展开,即:明确职业资格认证的主体性、确保职业资格认证的科学性和保证职业资格认证的权威性。这三个原则实际上是对职业资格认证由谁来做、如何开展职业资格认证、怎样保证职业资格的权威性等三个具体问题的回答(李建斌,2007)。

第一,明确职业资格认证的主体性。当前我国政府机构改革后已经形成了几乎涵盖各行业领域的行业协会。根据我国改革与发展的思路和精神,这些协会被定位为联系企业与政府之间的纽带。我国职业水平认证的发展趋势就是行业协会将逐渐成为行业、企业的技术人才培训与认证工作的重要力量。我国职业资格认证在政府主管部门的领导下由行业协会来做势在必行。

第二,确保职业资格认证的科学性。明确了职业资格由谁认证后,职业资格认证的第二原则便是确保认证的科学性。鉴于我国的特殊国情以及国外发达国家的经验,我们以为构建政府、学校、企业、行业协会四方联动机制是确保职业资格认证科学性的最佳途径。

第三,保证职业资格认证的权威性。在市场经济条件下,认证的权威性最终还要企业和市场来认可。行业协会推出的职业水平认证也必须经过市场的检验才能最终确立其地位。只要行业协会把行业认证做好了,其权威性是可以保证的。当然,这也需要社会逐步解放思想,转变对政府认证的依赖观念。要保证职业资格证书的权威性,其自身内涵应包括实用性、社会性、复合性、互换性、开放性、国际性六个方面的特征。

四、职业资格认证的现状

国外发达国家在职业教育以及职业资格认证方面走在了我国前面,有许多值得我们借鉴的地方。国内许多专家学者在介绍和引进国外职业资格认证的经验方面做了不少工作，如：周国军（2007）在《借鉴国外先进经验构建我国职业资格认证体系》一文中对英国、德国、加拿大、美国、日本、韩国等国家的职业资格认证制度做了比较全面的总结和分析；黄日强（2004）、杨延（2006）和于金翠（2007）分别撰文探讨了《英国国家职业资格证书制度在我国的引进》、《澳大利亚职业资格认证体系及其启示》和《韩国职业资格认证体系研究》；陈爽和冀国峰（2001）探讨了《欧亚五国职业资格证书制度及对我们的启示》；滕勇（2007）分析了《西方发达国家职业资格证书制度及其特点》；李敏谊和姚云（2010）在《国家职业资格证书制度的国际比较》一文中从管理与组织、教育与培训、认证等事关国家职业资格证书制度的核心问题对英国、德国以及澳大利亚的国家职业资格证书制度展开了分析和比较。

我国自20世纪50年代中期开始实施工人技术等级考核制度。1992年中共"十四大"确立实行市场经济体制后，技术等级考核制度开始向国家职业资格制度转型。1993年，中共十四届三中全会首次明确提出学历文凭与职业资格并重；1994年，全国人大通过《劳动法》，确立了职业资格制度的法律地位。1994年3月，劳动部、人事部联合颁发《职业资格证书规定》。至此，我国职业资格证书制度开始启动。1994年6月，中央编制办批准成立劳动部职业技能鉴定中心，负责国家职业资格证书制度的实施。

自20世纪90年代我国正式推行职业资格认证制度以来，至今已经形成了初步的职业资格标准和认证体系。我国国家职业资格证书采取等级式结构，分为五个等级，即：初级（国家职业资格五级）、中级（国家职业资格四级）、高级（国家职业资格三级）、技师（国家职业资格二级）、高级技师（国家职业资格一级）。但是，我国的职业资格认证制度仍处于探索阶段。在瞬息万变的市场经济条件下，认证制度的管理跟不上市场的步伐，使得各种职业资格的认证出现了混乱无序的状态，如认证权力的归属不明、认证活动的组织不当、各种机构的协调不力等（孙小丽，2007）。

事实上，跟西方发达国家相比较，我国的资格认证制度的确存在许多问题。国内许多学者对此均有同感。例如，蒋晓旭和郭雪梅(2006)指出:培训认证部门偏重认证的经济效益,认证教育有发展为认证经济的趋势;认证标准偏离企业的实际需要,证书的社会认可程度不高;培训认证普遍存在重知识、轻能力,重书面考试、轻实际操作的倾向;当前就业准入制尚未完全落实,无证就业现象比较普遍;培训认证等级规定滞后,不能适应国家进行各类职业认证的需要。

对于我国资格认证制度的问题,张宏(2007)在《论国家职业资格证书教育制度的完善》一文中进行了比较全面的分析。该文指出当前我国职业资格证书教育所面临的现实情况是:社会认同度低,考试缺乏统一标准,证书工种、等级设置随意,考试管理不稳定,加之培训颁证机构争生源抢市场,使得职业资格证书教育在社会认知中变了形,证件的有效性受到极大怀疑。具体来讲,我国的职业资格认证主要存在以下三方面的问题:

第一,职业资格证书制度存在问题。国外成熟的职业资格证书制度管理严密,分工明确。而我国职业证书设计、鉴定、颁证机构政出多门,同一工种认证重叠,且互相制约。如计算机水平考试,教育部门有高教系列的计算机水平考试和全国计算机等级考试,信息产业部门有计算机程序员等20个名目的考试,劳动部门有计算机操作员等18个名目的考试。还有一些部、委、省、市、行业协会的鉴定中心组织进行的行业性、地方性计算机操作员之类的鉴定。这一现象充分说明职业资格证书工作中的管理混乱、考试不规范等问题,这极大地冲击了国家职业资格证书的权威性和职业技能鉴定工作的正常开展。

第二,职业培训机构存在问题。目前,市场逐利的消极影响使一些教育机构不同程度地受到影响。不顾质量、盲目追求高额利润已经成为一种普遍的现象。培训机构存在的问题主要体现在行业饱和、恶性竞争、口碑不佳方面。行业饱和,初级工、中级工培训趋于饱和,高端市场难以开发,随意降价、虚假广告、胡乱承诺。口碑不佳,用做商业的心态做教育,以赢利为目的,信誉度不高。这些现象的背后是培训机构的准入政策存在问题,主要体现在准入门槛较低、监管力度不到位、考核制度不健全。国家对培训机构制定的法律、法规等优惠政策几乎等于一纸空文,没有落到实处。

第三,职业证书考试存在问题。目前我国职业证书考试存在不足的主要表现为:其一,考试内容与现实社会脱节。其二,考试多重理论、轻操作。其三,测试手段落后,场地、设施设备、专业考评人员匮乏,测试过程人为主观因素偏重,很大程度上无法客观真实地检验受试者的职业能力和操作水平。

第二节　国内外口译资格认证概述

一、口译的职业化与资格认证

口译作为一种职业在中国已有两千多年的历史。改革开放后,口译员在社会各大领域发挥了越来越重要的作用,口译队伍也不断壮大。但由于口译市场缺乏专业化的规范运作,无论是口译培训还是口译评估和认证都存在标准不统一的问题,没有一套专业化的规范可以操作,也没有专业的协会组织统一管理,结果造成口译市场混乱、译员水平良莠不齐、雇用机构抱怨不断(慕媛媛等,2005)。由此可见,我国口译的职业化依然任重道远。

职业化是一种工作状态的标准化、规范化和制度化,包括职业素养、职业规范和职业技能三个部分内容(鲍川运,2007)。口译要达到职业化,应该满足两个条件:一是有相当数量的译员将口译工作作为主要生活来源,以口译作为职业;二是译员具有职业素养,遵守职业规范,掌握职业技能。然而,职业素养、职业规范和职业技能不是凭空而来的,而是需要通过一个系统培养和认证才能获得的。因此,口译的职业化与职业培训和资格认证是密不可分的。

资格认证是职业化的重要体现。职业资格认证是按照国家制定的职业技能标准或任职资格条件,通过政府认定的考核鉴定机构,对劳动者的技能水平或职业资格进行客观公正、科学规范的评价与鉴定。每一种职业类别都有相应的技能标准和职业资格,需要经由有关部门认证。作为一门职业,口译同样需要经过职业资格认证，需要建立相应的规范标准和认证程序。规范化的口译资格认证是口译职业化过程中不可或缺的组成部分。

二、口译职业资格认证的现状

国际上对于口译资格的认证主要有两种方式。一种是国际会议口译员协会（AIIC）采用的会员认证制度。AIIC 成立于 1953 年，是会议口译这一专门职业唯一的全球性专业协会，负责审查、认定会议口译员的专业资格和语言组合，制定其职业规则、工作条件、道德规范、专业培训标准等。AIIC 采用会员制。新成员加入采用的是老会员推荐制和硬性工作天数规定。申请者申请入会，首先要达到的硬性标准是：专业口译累计工作日至少达到 150 天。达到这个条件后，由三位有五年以上会员资格、同一语种的会员推荐，经过资格委员会审核批准，成为准会员。准会员的名单在世界范围内公布。名单公布 120 天内，如果没有其他会员提出异议，便可成为正式会员（鲍川运，2007）。

另一种口译认证是比较通行的专业资格考试制度。在一些口译专业化程度较高的国家，口译资格认证已经形成较为成熟规范的体制。比如，美国、加拿大、澳大利亚等一些多元文化的国家已建立起了权威的专门口译行业机构对整个口译行业译员的资格进行认定和评估（贾欣岚等，2004）。美国翻译家协会（ATA）自 1973 年开始设立了翻译职业资格认证项目和考试，其后又发展了只适用于某一专业的资格认证制度，比如法庭口译资格认证、医学口译资格认证等。加拿大的翻译资格认证始于 1975 年。跟美国一样，加拿大也发展了只适用于某一专业的资格认证制度，如渥太华—卡尔顿社区口译服务局（CISOC）认证的是社区口译语言与技能。澳大利亚翻译资格认可局（NAATI）成立于 1983 年，是澳大利亚唯一有资格进行翻译认证的官方机构，负责制定笔译和口译的国家标准。澳大利亚政府有明文规定，所有政府部门的笔译、口译工作都需要笔译者和口译者取得 NAATI 认证。

跟美、加、澳三国一样，我国主要采用专业资格考试制度对口译的职业资格加以认证。相对而言，我国口译资格认证的时间并不长,但发展速度十分惊人。目前已推出了四种资格认证:1997年开始实行的上海外语口译岗位资格证书考试、2001年北京外国语大学推出的英语翻译资格证书考试(自2003年开始,由教育部和北外联合举办全国外语翻译证书考试,简称NAETI)、2002年开始的厦门大学英语口译资格证书考试(EIC)以及2003年由人事部主办的全国翻译专业资格(水平)考试(CATTI)。尽管这四种认证各有自己的侧重点,但其本质都是对口译技能的考查。到目前为止,我国还没有推出按照口译类型制定的某一专项的口译资格认证,这势必影响细化的口译服务市场,所以按照口译类型制定口译的规范并建立相应的口译资格认证是口译职业化视角下规范的口译资格认证(唐利红,2009)。

三、口译职业资格认证的目的

首先,口译职业资格认证是口译服务质量的重要保证。口译既然是服务,是产品,它就应该符合商业运作的规律。在商业运作的框架下,质量是产品的核心。在口译职业化的概念里,有四个重要的因素决定了口译服务的质量:个人资格、培训、资格认证和工作条件(波赫哈克,2007)。其中,规范化的口译资格认证是确保口译服务质量的基础。就我国的实情而言,开展口译职业资格认证是解决这一问题的唯一出路。

其次,口译职业资格认证为从事口译职业的人员提供了平等的市场准入机会。目前的口译市场良莠不齐,提供口译服务的人员五花八门,翻译市场相当混乱。因此,对口译职业资格进行认证能为译员翻译能力的评测提供一个公开、公正和有效的机制,从而在规范翻译服务行为和保护从业人员的权益方面将发挥积极作用(王立弟,2003)。

再次,口译职业资格认证为应用型翻译人才培养指明了方向。目前,国内的翻译培训,无论是学历教育还是非学历教育,都存在这样那样的问题,不利于翻译的职业化发展。王立弟(2003)认为国内的翻译培训存在四方面的问题:(1)把翻译培训作为外语教学的手段和补充;(2)以翻译研究代替翻译培训;(3)学生外语水平达不到要求;(4)培训方式粗放,急功近利。口译职业资格认证无疑给翻译培训在教学内容、教学模式等方面提出了更高的职业化要求。

第三节 同传译员的资格认证原则

鉴于目前国内职业资格认证存在的问题以及国外发达国家职业资格认证制度的启发,我国的职业资格认证应围绕以下四个原则展开,即:明确认证的主体性、确保认证的科学性、保证认证的权威性、做到可持续性。作为职业资格认证的门类之一,口译的资格认证同样需要充分考虑这四个"性"。

一、认证的主体性

国际上对于口译资格的认证主要有两种方式:一种是国际会议口译员协会(AIIC)采用的会员认证制度,另一种是比较通行的专业资格考试制度。我国主要采用专业资格考试制度对口译的职业资格加以认证,但是认证主体不统一。目前已推出了SIA,NAETI,EIC,CATTI等四种资格认证。这四种口译资格认证的主体各不相同,既有地方政府(如:SIA)和教育主管部门(如:NAETI),也有高等学府(如:EIC)和人事主管部门(如:CATTI)。口译证书在设计、鉴定等方面政出多门,必然导致认证的规范性和权威性受损。因此,非常有必要将以上四大证书统一起来,在全国范围实行规范的唯一认证。

我国职业水平认证的发展趋势是行业协会将逐渐成为行业、企业的技术人才培训与认证工作的重要力量。我国职业资格认证在政府主管部门的领导下由行业协会来做势在必行。国务院2005年11月做出的《关于大力发展职业教育的决定》明确表示:"行业主管部门和行业协会要在国家教育方针和政策指导下,参与制定本行业特有工种职业资格标准、职业技能鉴定和证书颁发工作;参与制定培训机构资质标准和从业人员资格标准严格实行就业准入制度,完善职业资格证书制度。"因此,我国的口译职业资格认证可以在国家人力资源或外事部门的领导下由中国翻译协会负责制定统一的口译职业资格标准,并开展具体的认证工作。当然,翻译协会在制定口译资格认证标准时也应充分考虑政府机关、培训机构和用人单位的意见。唯有构建政府、学校、企业、行业协会四方联动的认证机制才能确保口译职业资格认证的科学性、权威性和可持续性。

二、认证的科学性

有了统一的口译职业认证机构后,还必须建立科学的认证考试体系。为了保证全国口译职业资格认证考试的科学性,认证机构在组织考试时也应充分考虑考试的信度、效度、真实性和交互性四大要素。

第一,确保考试的信度。资格认证考试一般采取定性的评分方法,主要是根据评分细则由考官主观综合地评判考生是否完成所规定的任务。因此,我们应该建立一套完整科学的评分制度,特别注意考官的培训,为考官提供标准明确、内容详细的评分尺度,从而保证测验结果的一致性、稳定性及可靠性。厦门大学的陈菁教授(2002)在 Bachman 的交际法语言测试理论指导下从知识能力、技能能力和心理能力三个方面制定的口译量化评估表值得借鉴。

第二,保证考试的效度。效度是指所测量到的结果反映所想要考察内容的程度。从测试效度出发,考试题型的设计必须反映考试的内容,既不涉及无关的内容,也不能漏掉应该考察的内容。口译认证考试的内容,实际上就是一名合格口译员应该具备的所有素质,包括语言能力、百科知识、口译技巧以及职业素养(黄敏,2005)。要想有效地判断某人是否已经具备口译员的能力和资格,口译资格认证考试就必须全面地考察以上四方面的素质。

第三,注重考试的真实性。真实性是交际法语言测试的一个重要标准,它指的是应试者应试时所需完成的任务类似于正常的和现实生活的交际情景所需完成的任务(陈菁,2002)。口译活动是在特定的真实情景中完成的,口译资格考试应该注重应试者实际的翻译能力。因此,口译资格认证考试要求所选的来源语材料要真实,适合在真正的口译场合中使用,考试环境和考试形式要贴近现实,采用录音和面试相结合的形式,要有译前准备时间。

第四,考虑考试的交互性。交互性是一个比较广泛的概念,在不同的领域里,其含义是不同的。就职业资格认证而言,交互性指的是认证主体和应试人员之间的交流。因此,口译资格认证单位应为参加考试的人员提供清楚的应试指南和考试大纲,建立专门的考试网站介绍与考试有关的事项,提供答疑服务,为有兴趣参加考试的人员设计模拟考试并组织考前辅导和培训,使他们熟悉考试的操作步骤和评分方法,了解自己通过考试的可能性。

三、认证的权威性

我国口译行业存在一些极为有趣的现象，一方面很多优秀的口译从业人员并没有相关资格证书，而另一方面很多具有了某种口译证书的人却无法得到用人单位的认可。雇用口译员的单位要么不要求译员具备口译证书，要么倾向于接受的仍然是 AIIC、欧盟等国际口译专业机构提供的认证(王恩冕，2005)。其中主要原因在于我国目前的口译认证太过混乱,良莠不齐。由此可见,认证的权威性直接关系到持证者被接受的程度。

相对而言,CATTI 在我国目前推出的四种口译认证中,权威性最高,主要是因为 CATTI 由国家人力资源和社会保障部进行认证并在全国范围实行。但是,在市场经济条件下,认证的权威性最终还要企业和市场来认可。证书权威性的关键不在于由谁认证,而在于持证者是否能够胜任相关级别的工作从而得到用人单位的承认。因此,职业资格证书的颁发一定要严格控制通过率,确保持证者能胜任相应的工作。做到这一点,除了充分考虑认证的主体性和科学性外,还应通过提高应试者的门槛来增加认证的含金量。

口译是一门极具挑战的职业,要求译员在双语水平、百科知识、技巧应用、心理素质等方面具有很高的职业素养。这些素养的获得很难通过一场认证考试得到全面而准确的判断。大多数国家的翻译资格认证考试都要求应试者满足基本的应试条件,确保资格考试不演变成为单纯的知识测试，保证取得资质的译员有翻译实战经验，能够及时派上用场。因此，口译资格认证考试主办单位可对应试者开展考前资格审查，如要求应试者提供跟翻译相关的学历和工作证明或者具有相关经验和资质的专家推荐信。

另外，证书的权威性与证书的接受范围成正比关系。一般而言，全国性认证的权威性显然要高于地方性认证，国际性的认证则高于全国性认证。权威性最高的当属国际认证。口译是一种跨文化的交际活动，涉及两种以上的语言和文化，是国际交流的重要桥梁。因此，口译职业资格证书最好做到与国际接轨。认证机构不仅应按照我国的国情和惯例来制定相应的口译职业资格标准，更要根据国际化需求，制定适应考生国际化能力培养的标准与要求，成为国际性的职业资格认证。

四、认证的可持续性

可持续性是指一种可以长久维持的过程或状态。可持续性是全人类共同面对的一个问题，它决定着我们未来的生活。职业资格认证的可持续性关系到证书的生命力。一种资格认证如果不具有可持续性，其证书有效性一定不能维持很长一段时间。因此，资格认证不能仅仅通过一次性的认证而终身有效，必须有持续性的考核和评估，否则必然助长持证者的惰性，最终导致资格证书有名无实。

对于口译员而言，持续性的认证更加有必要。口译所涉及的领域一般是某一行业中的最新信息和最新的知识。口译技能的掌握和提高一定要有持续的训练和实践。在科学技术突飞猛进、知识经济已见端倪的今天，如果不与时俱进对知识和技能进行更新、补充、拓展和提高，如果不经常性地进行口译实践，哪怕持有高级口译资格证书的译员也会被市场所淘汰。事实上，由于长期缺乏实践和训练，不少高级口译资格证书的持有者已无法胜任高水平的口译工作。

因此，口译职业资格认证机构应定期开展资格审查，对持证者开展持续的继续教育和考查评估，如要求他们每两年提供参加口译实践的时间证明、定期组织不同级别的持证者参加专门的研讨会和本领域的培训课程，拓宽证书持有者的知识面和适应性，使持证者具有自我调节、自我上升、自我学习的螺旋式上升的能力，具备可持续发展的基础。

参考文献

[1] 朴明吉. 浅谈国家职业资格认证制度实施的必要性[J]. 成人教育, 2008(8).
[2] 张明德. 对国家职业资格证书制度的再认识[J]. 中国培训, 2004(11).
[3] 李建斌. 对我国职业资格认证制度的新思考[J]. 职业教育研究, 2007(2).
[4] 周国军. 借鉴国外先进经验构建我国职业资格认证体系[J]. 十堰职业技术学院学报, 2007(10).
[5] 黄日强等. 英国国家职业资格证书制度在我国的引进[J]. 中国职业技术教育,2004(24).
[6] 蒋晓旭等. 完善中国职业资格认证与管理制度的思考[J]. 中国高教研究, 2006(2).
[7] 杨延. 澳大利亚职业资格认证体系及其启示[J]. 天津职业院校联合学报, 2006(5).
[8] 滕勇. 西方发达国家职业资格证书制度及其特点[J]. 西安航空技术高等专科学校学报, 2007(5).
[9] 陈爽等. 欧亚五国职业资格证书制度及对我们的启示[J]. 职业技术教育, 2001(24).
[10] 孙小丽. 我国职业资格认证制度的问题、对策与趋势[J]. 职业教育研究, 2007(10).
[11] 李敏谊等. 国家职业资格证书制度的国际比较[J]. 大学(学术版), 2010(9).
[12] 张宏. 论国家职业资格证书教育制度的完善[J]. 教育与职业, 2007(7).
[13] 慕媛媛等. 专业化道路:中国口译发展的新趋势——兼评国际口译大会暨第五届全国口译实践、教学与研究会议[J]. 中国翻译, 2005(3).
[14] 鲍川运. 口译的职业化[J]. 中国翻译, 2007(1).
[15] 贾欣岚等. 谈翻译资格考试[J]. 中国科技翻译, 2004(3).

[16] 唐利红. 口译职业化视角下的口译资格认证[J]. 科技创新导报,2009(7).
[17] 王立弟. 翻译资格考试与翻译培训[J]. 中国翻译, 2003(6).
[18] 波赫哈克. 口译研究概论[M]. 北京:外语教学与研究出版社, 2010.
[19] 陈菁. 从 Bachman 交际法语言测试理论模式看口译测试中的重要因素[J]. 中国翻译, 2002(1).
[20] 黄敏. 谈口译资格认证考试的规范化设计[J]. 中国翻译, 2005(6).
[21] 王恩冕. 口译在中国调查报告[J]. 中国翻译, 2005(2).

附 录

附录一 口译服务国家标准

1. 范围

本部分确立了口译服务方提供口译服务的过程及规范。本部分适用于翻译服务口译业务。

2. 规范性引用文件

下列文件中的条款通过 GB/T 19363 的本部分的引用而成为本部分的条款。凡是注日期的引用文件,其随后所有的修改单(不包括勘误的内容)或修订版均不适用于本部分,然而鼓励根据本部分达成协议的各方研究是否可使用这些文件的最新版本。凡是不注日期的引用文件,其最新版本适用于本部分。

3. 术语和定义

下列术语和定义适用于本部分。

3.1 口译 interpretation:口头将来源语言译成目标语言。

3.2 口译服务 interpretation service:提供口译的有偿经营行为。

3.3 口译服务方 interpretation service provider:具备提供口译服务资质的组织。

3.4 顾客 customer:接受产品的组织或个人。

3.5 口译对象 source speaker:来源语言信息。

3.6 口译语言 interpretive language:来源语言和目标语言。

3.7 交替传译 consecutive interpreting:当来源语言使用者讲话停顿或结束等候传译时,口译员用目标语清楚、准确、完整地表达来源语言的信息内容。

3.8 同声传译 simultaneous interpreting:借助专用设施将听到

的或看到的来源语言的信息内容，近乎同步地准确传译成目标语言。

3.9 口译现场 interpretation site：译员的服务场所。

3.10 纠正措施 corrective action：为消除已发现的不合格或其他不期望情况的原因所采取的措施。

4. 要求

4.1 口译服务方的资质：口译服务方应具备以下资质：具有符合本部分 4.3 要求的译员；具有相关的专业知识；具有履行合同的能力。

4.2 业务接洽

4.2.1 接洽场所：作为口译服务方的窗口，应清洁、明亮，在明显的位置展示翻译服务方的营业执照、税务执照、行业资质等相关证照。

4.2.2 接洽人员：应熟悉口译服务过程、服务范围、收费标准等诸方面内容，着装得体，语言文明，解答顾客的询问。

4.2.3 接洽内容

4.2.3.1 短期业务：约期不超过一个月的为短期口译业务。双方应签订书面合同或协议书，内容应包括：顾客的全称；联系方式（电话、传真、地址、邮编、电子邮箱等）；联系人；翻译语种；专业领域；收费价格；工作期限和时限；预付的翻译服务费；加班费用；交通费用、食宿费用等其他有关费用；安全措施及可能发生的工伤善后；口译质量纠纷仲裁；保密要求。

4.2.3.2 长期业务：约期超过一个月的为长期口译业务。双方应签订书面合同或协议书，除 4.2.3.1 中的条款外，合同或协议书还应包括以下内容：口译服务内容（翻译语种、项目、每周工作日、日工作时间）；口译质量要求；口译现场安全防护要求；意外事故保险要求；可能发生的工伤善后责任方；休假及其待遇；收费内容（口译服务费、加班费、食宿费、交通费等）；计费方式（按月计费、按工作日计费、加班计费等）；结算周期和付费方式；违约和免责条款；变更方式；其他。

4.2.4 计费：按工作日计费。不足半个工作日的按半个工作日计;超过半个工作日,不足一个工作日的,按一个工作日计。工作日以外按加班计酬。按月计费,每月工作天数与顾客约定,约定以外工作天数按加班计酬。注:同声传译(组)工作日按6小时计。

4.2.5 其他事项:合同规定以外的服务,双方商定另行收费。

4.3 译员:译员应符合以下条件:有国家承认的有关部门颁发的口译资格证书或有相应的能力;接受培训和继续教育;具有职业道德。

4.4 顾客支持

4.4.1 顾客应向口译服务方介绍:口译涉及的专业;服务的范围;口译对象。

4.4.2 顾客应向译员提供:所涉及的相关文件、资料和专业术语;背景材料;为观看现场或实物提供方便。

4.4.3 顾客应提供安全培训或必要的安全知识。

4.5 业务管理

4.5.1 译员资质管理:对译员的职业道德教育、安全教育;对译员进行业务培训和考核;掌握译员的业务经历、水平和工作绩效。

4.5.2 译员安排:根据合同的协议,选配合适的译员。

4.5.3 标识:每批次口译业务应用数字、字母或文字记录标识。作为追溯性标识,应有以下一项或数项记录内容:顺序批次编号;日期;翻译语种;口译人员和口译对象;口译涉及专业及项目内容;顾客。

4.5.4 档案管理:口译服务方应建立和保存:项目档案;顾客档案;译员业务档案等;业务记录档案等。

4.6 口译服务过程控制

4.6.1 工作流程

4.6.1.1 译前准备:译员要认真查阅相关资料、熟悉词汇、了解口译对象和双方相关人员,以及熟悉工作现场或设施情况。要做好必要的准备,携带必备的证件和有关资料,按要求着装,提前到达工作现场。

4.6.1.2 口译过程:在口译过程中应做到:准确地将来源语言

译成目标语言;表达清楚;尊重习俗和职业道德。

4.6.1.3 在口译服务过程中出现问题,口译服务方应与顾客密切配合及时予以处理。

4.6.2 译后工作:口译结束后,口译服务方应听取顾客的意见反馈,必要时对顾客反馈意见予以答复。

4.7 保密:口译服务方应按照合同或协议为顾客保守秘密。

4.8 一致性声明:每个口译服务方都可以自愿履行本部分各项条款并自负责任地声明是根据本部分新华翻译社标准提供口译服务。

附录二 会议口译员职业道德守则

Ⅰ. 目的和范围

第 1 条

1. 本《职业道德守则》(以下简称《守则》)规定了诚信、专业和保密的标准,所有会员均有义务在其作为会议口译员的工作中遵循这些标准。

2. 候选会员也应承诺遵守本守则的规定。

3. 按照《纪律程序条例》,理事会将对任何违反本守则所界定的职业规则的行为予以惩罚。

Ⅱ. 荣誉准则

第 2 条

1. 会员应受严格的保密准则约束。在任何不向公众开放的会议中,所有人员均需对口译过程中披露的所有信息严格保密。

2. 严禁会员利用会议口译员的职务之便,用可能获取的机密信息谋取任何私利。

第 3 条

1. 会员不得接受任何本人难以胜任的任务。接受任务则意味着会员在道义上承诺将以应有的专业水准工作。

2. 任何会员在招募其他会议口译员时,无论后者是否为本协会会员，都应给予客户同样的保证。

3．会员不得在同一时间里接受多项任务。

第4条

1．会员不得接受任何可能有损本职业尊严的工作或职务。

2．会员应避免做出任何可能有损本职业声誉的行为。

第5条

会员可以出于任何职业目的，宣传其为会议口译员和本协会会员这一事实，包括本协会个人会员身份和本协会任何下属机构或区域组织成员身份。

第6条

1．会员有义务向同事提供道义援助和协作。

2．会员应避免任何有损本协会或会员利益的言语或行为。任何针对其他会员行为的申诉或是对本协会所做出的决定有任何异议，应寻求在协会内部解决。

3．任何两名或两名以上会员（包括候选会员），如产生任何与职业相关的争端，均可提交理事会仲裁，商业性质的争端除外。

Ⅲ．工作条件

第7条

为确保口译的最佳质量，协会会员：

1．应根据本协会通过的《职业标准》以及由本协会制定或批准的任何技术标准，始终努力争取满意的声效、能见度和舒适度；

2．通常说来，在单独一人或在需要时没有同事可替换的情况下，不得在同传厢从事同传工作；

3．在组建会议口译团队时，应尽力避免经常使用接力；

4．不应同意从事耳语传译或在没有同传厢的条件下进行同声传译，除非情况特殊且口译工作的质量不会因此受到影响；

5．应要求可直接观察到发言者和会议室。因此，除非是视频会议，否则应拒绝接受使用电视屏幕代替直接观察的方式；

6．应要求提前拿到将在会议上宣读的工作文件和演讲稿；

7．如果条件许可，应要求举办情况通报会；

8．在自己已被聘为会议口译员的会议上，不得从事会议口译之外的其他工作。

第8条

对于任何违反本《守则》或《职业标准》规定的工作条件，协会会员均不得接受，更不得代表本人或本人招募的其他会议口译员（无论是否为协会会员）主动提出。

Ⅳ.修订程序

第9条

相关提议在征求法律意见后，大会可在获得三分之二多数的投票后作出决定，对本《守则》予以修改。

附录三 翻译专业资格（水平）考试暂行规定

第一条

为适应社会主义市场经济发展的需要，建设高素质的外语翻译专业人员队伍，培养高水平的翻译专业人才，更好地为我国对外开放和国际交流与合作服务，根据国家关于职业资格证书制度的有关精神，制定本规定。

第二条

翻译专业资格（水平）考试纳入国家职业资格证书制度，统一规划。

第三条

翻译专业资格（水平）考试等级划分与专业能力：（一）资深翻译：长期从事翻译工作，具有广博科学文化知识和国内领先水平的双语互译能力，能够解决翻译工作中的重大疑难问题，在理论和实践上对翻译事业的发展和人才培养作出重大贡献。（二）一级口译、笔译翻译：具有较为丰富的科学文化知识和较高的双语互译能力，能胜任范围较广、难度较大的翻译工作，能够解决翻译工作中的疑难问题，能够担任重要国际会议的口译或译文定稿工作。（三）二级口译、笔译翻译：具有一定的科学文化知识和良好的双语互译能力，能胜任一定范围、一定难度的翻译工作。（四）三级口译、笔译翻译:具有基本的科学文化知识和一般的双语互译能力,能完成一般的翻译工作。

第四条

资深翻译实行考核评审方式取得,申报资深翻译的人员须具有一级口译或笔译翻译资格(水平)证书;一级口译、笔译翻译实行考试与评审相结合的方式取得。资深翻译和一级口译、笔译翻译评价的具体办法另行规定。二级口译、笔译翻译和三级口译、笔译翻译实行统一大纲、统一命题、统一标准的考试办法。申请人可根据本人所从事的专业工作,报名参加相应级别口译或笔译翻译的考试。

第五条

凡遵守中华人民共和国宪法和法律、恪守职业道德、具有一定外语水平的人员,均可报名参加相应语种、级别的考试。

第六条

中国外文出版发行事业局(以下简称“中国外文局”)组建翻译资格(水平)考试专家委员会。该委员会负责拟定考试语种、考试科目、考试大纲和考试命题,研究建立考试题库等有关工作。人事部组织专家审定考试语种、考试科目、考试大纲,对考试工作进行检查、监督和指导。

第七条

翻译专业资格(水平)考试合格,颁发人事部统一印制并有印的《中华人民共和国翻译专业资格(水平)证书》。该证书在全国范围内有效。

第八条

翻译专业资格(水平)证书实行定期登记制度,每3年登记一次。有效期满前,持证者应按规定到指定的机构办理再次登记手续。再次登记,还需要提供接受继续教育或业务培训的证明。

第九条

取得二级口译、笔译翻译或三级口译、笔译翻译资格(水平)证书,并符合《翻译专业职务试行条例》翻译或助理翻译专业职务任职条件的人员,用人单位可根据需要聘任相应职务。

第十条

二级口译、笔译翻译和三级口译、笔译翻译的相应语种实施全国统一考试后，各地、各部门不再进行相应语种的翻译及助理翻译专业职务任职资格的评审工作。

第十一条

经国家有关部门同意，获准在中华人民共和国境内就业的外籍人员及港、澳、台地区的专业人员，符合本规定要求的，也可报名参加翻译专业资格（水平）考试并申请登记。

第十二条

本规定自2003年4月21起施行。

附录四　同声传译服务流程（样本）

各环节说明

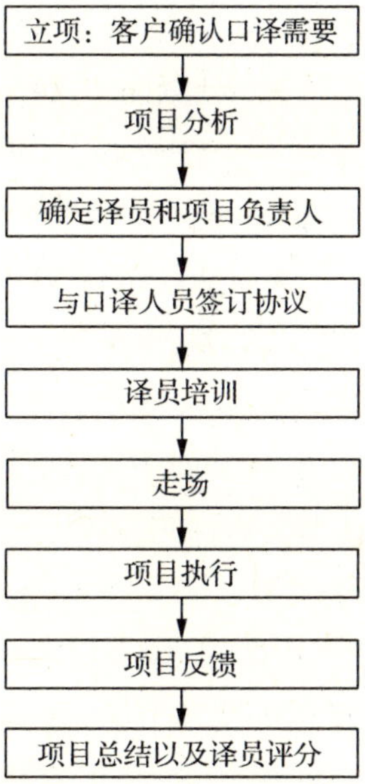

立项：销售人员通过与客户的沟通，客户确认项目并下订单，项目承接下来后，交项目部管理。

项目分析：项目管理部了解客户的具体需求，分析项目的具体内容，包括本次口译的语种、涉及专业、口译类型、项目地点、持续时间、所需人数等。

译员培训：项目经理或是客服专员跟进客户，拿到第一手资料，由公司培训中心对译员进行培训。

走场：项目经理带领相关译员，配合客户熟悉翻译现场，保证会议不脱节。

项目执行：项目组由一线人员承担口译任务，二线人员负责项目的支持、协调和服务工作。

项目反馈：项目组全体人员反馈和客户匮乏。

附录五 同声传译服务协议(样本)

×××翻译公司(以下简称甲方)因翻译业务需要,聘用________________,有效证件(________________)号码为________________(以下简称乙方),担任在________市举办的____________________________(会议内容)的中英同声传译工作,经甲、乙双方协商,就有关事项达成如下协议:

1. 工作安排如下:

同传翻译时间从______年____月____日____时____分至______年____月____日____时____分,会议地点:______________________。

2. 工作报酬如下(税后费用):

口译费用:______________元/人/天,超出原定工作时间半小时以上,按每小时500元/人支付译员的加班费。译员工作期间的交通、食宿等费用实际消费凭单据报销。

3. 付款方式如下:

在会议结束后,甲方从甲方的客户处收到会议支付款项后,再向乙方交付口译费用。

4. 甲方负责协调会议中各项事宜,尽早将会议资料提交给乙方,以供熟悉准备。

5. 乙方负责承担甲方会议期间大会发言的同声传译工作,乙方在会议召开前认真阅读会议相关材料,做好同声翻译前期准备工作,确保准确、及时、清晰的为甲方的客户提供高质量的同声翻译服务。乙方应在会议开始前30分钟到达会场,进行设备调试和会议准备,如有某位译员届时因不可抗力原因无法到场,乙方负责找到同等资历的译员予以代替,并在事前征得甲方的同意。译员需严格遵守职业道德,对非公开的会议内容给予保密。

6. 甲、乙双方任何一方的过失,造成协议不能履行或给双方造成损失,违约方必须赔偿对方的损失。如乙方译员由于个人原因不出席此次活动,或在会议活动中出现重大翻译失误影响会议的正常进行，应对甲方的损失进行赔偿（具体数额依实际情况而定）。

7. 其余一切未尽事宜，由甲、乙双方友好协商解决，如协商不能解决，可向有管辖权的执法机构提出诉讼。

8. 本协议经双方签字盖章生效。本合同一式两份，双方各执一份，具有同等效力，传真件具有同等法律效力。

9. 本协议自签字盖章之日起生效，至双方履行完义务后终止。

甲方：　　　　　　　　　　　　　乙方：
代表（签字　盖章）：　　　　　　译员代表签字：
日期：　　年　月　日　　　　　　日期：　　年　月　日

附录六　同声传译服务满意度调查表（样本）

感谢您抽出宝贵时间向我们提供有关＊＊＊同传服务的反馈意见。您只需要花不超过 5 分钟的时间就可以完成这项调查，您的回答有助于＊＊＊同传服务未来的发展。

1. 客户个人信息（为了便于联系与反馈，请您留下联系方式。如果你觉得属于个人隐私，也可以选择不填下表中的部分或全部信息。）

姓名	
工作岗位	
工作单位	
电子邮箱	

2. 译员表现评估（请使用下面的评分标准对译员的现场表现打分，5 分表示非常满意，4 分表示满意，3 分表示一般，2 分表示不满意，1 分表示非常不满意）。

	非常满意（5）	满意（4）	一般（3）	不满意（2）	非常不满意（1）
信息传递					
语言表达					
专业术语					
声音控制					
行为举止					

3. 您对我们的口译服务有哪些建议？

4. 根据您的经历，您是否会向其他人推荐×××同传服务？如果会，能否提供推荐单位的相关名称？

会

不会

非常感谢你的合作！祝您工作顺利、生活美满！

附录七　五大经典信息传播模型

1．斯维尔“5W”模型

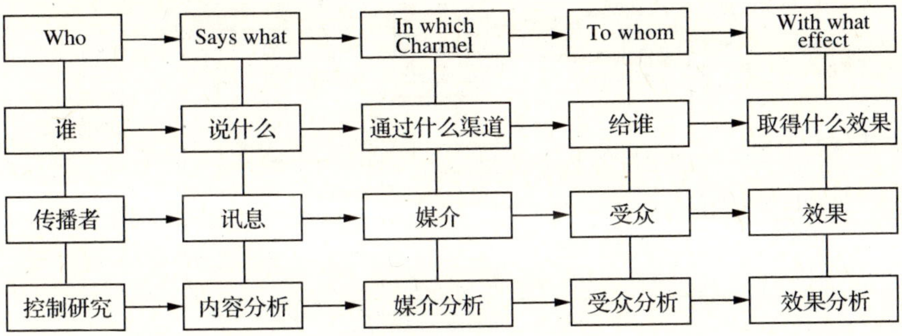

2．奥斯古德－施拉姆循环模型

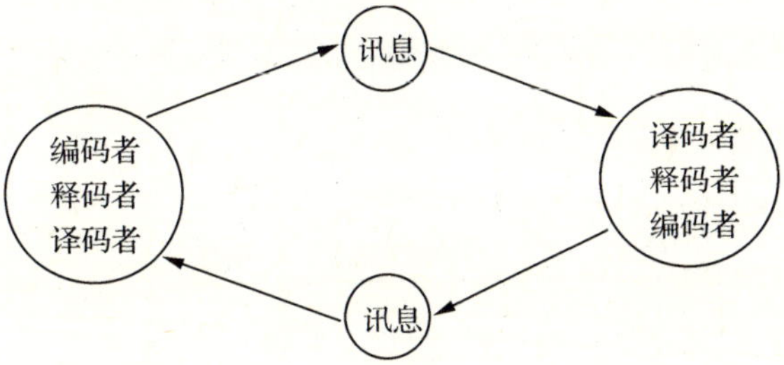

3．纽科姆“ABX”社会心理模型

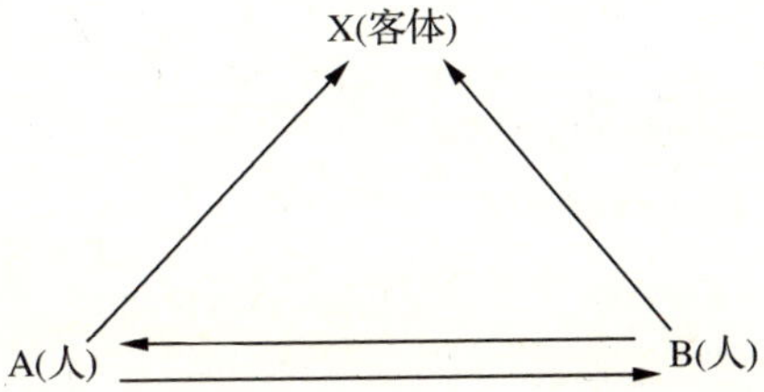

4．马莱茨克大众传播场模型

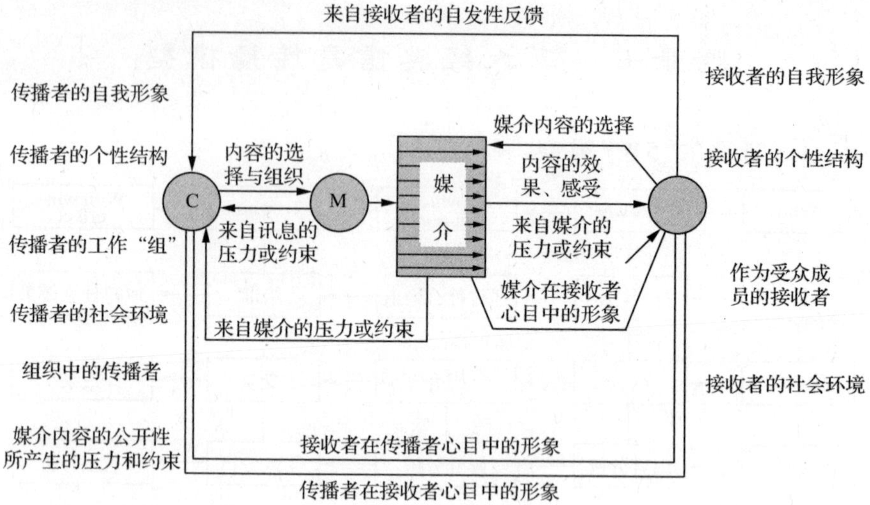

5．罗杰斯－休梅克创新扩散模型

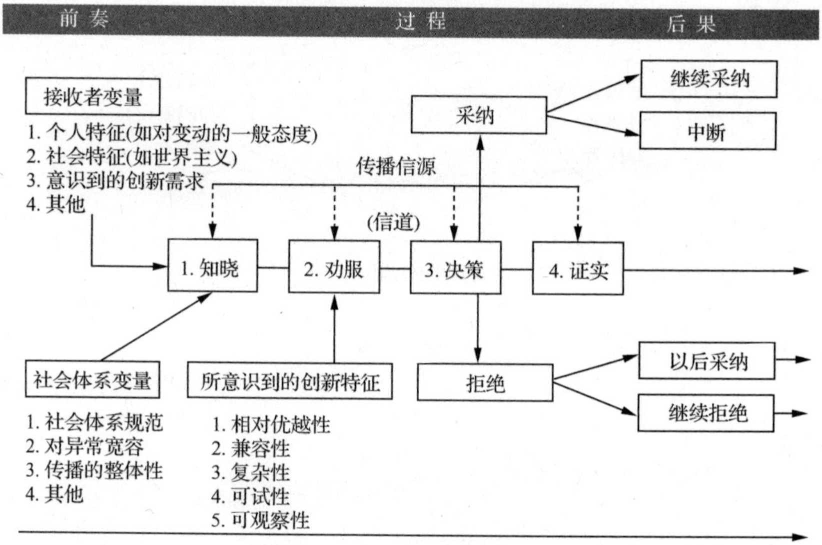

罗杰斯–休梅克的创新扩散模式

附录八　口译记忆训练 APEC 模型

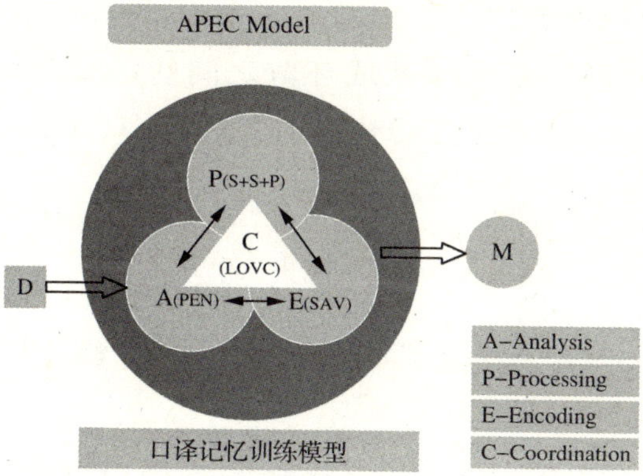

M = A(PEN) + P(SSP) + E(SAV) + C(LOVC)

A(PEN) = Analysis of (Persuasive, Expositive, Narrative) Discourse;

P(S + S + P) = Processing of (Syntactic + Semantic + Pragmatic) Information;

E(SAV) = Encoding of (Semantic, Acoustic, Visual) Meaning;

C(LOVC) = Coordination of (Logical Reasoning, Outlining, Visualization, Chunking) Tasks;

D = Speech Discourse; M = Memorization Output.

APEC Model 解释

1. 模式中的“ = ”应该解释为“包括”而不是通常数学意义上的“相等”；“ + ”是通常意义上的某种“相加”而不是数学意义上的“相加”。

2. 模式中的“ + ”表示句法加工、语义加工和语用加工这三种加工方式同时进行，“C”居中表示协调话语语篇分析、信息加工、意义编码及任务协调（包括协调运用记忆方法）等的注意力分配为本模式的核心过程，“P”居上表示信息加工认知心理活动贯穿于记忆整个过程，是本模式的关键过程。

3. 模式以黑色为主色，表示对输入的话语进行语篇分析、信息加工、意义编码、任务协调（包括协调运用记忆方法）及自上而下加工和自下而上加工整个过程在大脑这个“黑匣子”里进行，而从外向内的颜色由深渐浅，表示在这个“黑匣子”里由于有了以上的加工、分析和处理等过程，记忆训练效果逐渐清晰。

4．模式以非常简化的形式把记忆训练描绘为一个包括语篇分析、信息加工、意义编码、任务协调（包括协调运用记忆方法）等的一个系列操作过程，各个步骤或环节之间前后重叠，相互影响，彼此制约，形成一个循环往复的整体加工过程，只有相对的轻重缓急之分，没有严格的先后次序之别。

附录九　厦门大学口译训练模式

厦大模式是由厦门大学外文学院与英国西敏斯特大学组成的“中英英语项目合作小组”在吉尔模式基础上提出的口译训练模式。根据厦大模式，口译是译员对来源语语篇与跨文化交际成分进行分析之后，结合自己的语言以及语言外知识加以理解，应用一定的口译技巧并遵守一定的译员职业准则，用目的语对来源语的信息进行重组的过程（如下所示）。后来，厦门大学口译组成员陈菁、肖晓燕等人对“厦大口译训练模式”进行了拓展，将译前准备与质量控制纳入了口译训练的范畴。

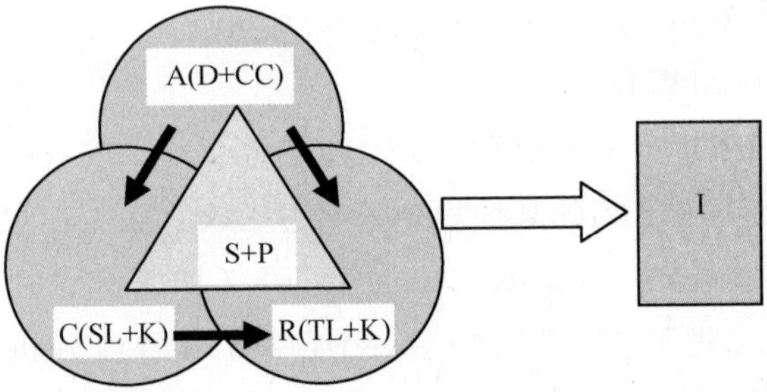

上述模式中，“I”指的是口译的结果（Interpretation）；圆饼 A（D + CC）指的是对来源语语篇（Discourse）与跨文化交际成分（Cross-cultural Communication）的分析（Analysis）；圆饼 C（SL + K）指的是对来源语（Source Language）及原语言外知识（Knowledge）的理解（Comprehension）；圆饼 R（TL + K）是口译者在对来源语的语言与知识进行理解、对跨文化交际的问题做了分析之后，用目的语（Target Language）和所掌握的语言外知

识(Knowledge)对来源语的信息进行重组(Reconstruction)进而完成整项口译工作;中间的三角形“S + P”是口译过程的核心,指的是口译人员在口译过程中所应用的口译技巧(Skills)和遵守的职业准则(Professional Standard)。

附录十　鲍刚等人的口译质量评估表

1. 鲍刚口译竞赛评估表

姓名:　　　　　分数:

<table>
<tr><th colspan="2">内容</th><th colspan="2">隐含意义</th><th colspan="2">数字</th><th colspan="3">专有名词、头衔</th><th colspan="2">译语表达</th><th colspan="2">沟通效果</th></tr>
<tr><td>非常全面</td><td></td><td>非常准确</td><td></td><td>漏译</td><td>错译</td><td>漏译</td><td>错译</td><td>不准确</td><td>非常通畅</td><td></td><td rowspan="2">好</td><td rowspan="2"></td></tr>
<tr><td>全面</td><td></td><td>准确</td><td></td><td rowspan="6"></td><td rowspan="6"></td><td rowspan="6"></td><td rowspan="6"></td><td rowspan="6"></td><td>通畅</td><td></td></tr>
<tr><td>较为全面</td><td></td><td>较为准确</td><td></td><td>较为通畅</td><td></td><td rowspan="3">一般</td><td rowspan="3"></td></tr>
<tr><td>一般</td><td></td><td>一般</td><td></td><td>一般</td><td></td></tr>
<tr><td>较不全面</td><td></td><td>较不准确</td><td></td><td>较不通畅</td><td></td></tr>
<tr><td>不全面</td><td></td><td>不准确</td><td></td><td>不通畅</td><td></td><td rowspan="2">差</td><td rowspan="2"></td></tr>
<tr><td>很不全面</td><td></td><td>很不准确</td><td></td><td>很不通畅</td><td></td></tr>
<tr><td>其他</td><td colspan="12"></td></tr>
<tr><td>总评</td><td colspan="12"></td></tr>
</table>

2．刘和平口译测试评估表

学员姓名： 性别：男　女	班级： 强化班 本科生 研究生	考试日期： 成绩：
考题	演讲人	主考：　　监考：
考试记录		
第一单元：外译中	第二单元：中译外	第三单元：视译
1．反应速度 快 一般 慢 其他：	1．反应速度 快 一般 慢 其他：	1．反应速度 快 一般 慢 其他：
2．理解 1）主线：好 一般 差 问题： 2）连贯：好 一般 差 问题： 3）逻辑：好 一般 差 问题： 4）完整：好 一般 差 问题： 5）准确：好 一般 差 问题：	2．理解 1）主线：好 一般 差 问题： 2）连贯：好 一般 差 问题： 3）逻辑：好 一般 差 问题： 4）完整：好 一般 差 问题： 5）准确：好 一般 差 问题：	2．理解 1）主线：好 一般 差 问题： 2）连贯：好 一般 差 问题： 3）逻辑：好 一般 差 问题： 4）完整：好 一般 差 问题： 5）准确：好 一般 差 问题：
3．表达 1）清晰度：高 中 低 问题： 2）准确度：好 一般 差 问题： 3）逻辑性：好 一般 差 问题：	3．表达 1）清晰度：高 中 低 问题： 2）准确度：好 一般 差 问题： 3）逻辑性：好 一般 差 问题：	3．表达 1）清晰度：高 中 低 问题： 2）准确度：好 一般 差 问题： 3）逻辑性：好 一般 差 问题：

3. 厦门大学英语口译资格证书考试量化评分表

姓名：______________　　　　报考级别：__________

考号：______________　　　　是否通过：是　　　否

考试内容：____

—

评分标准：

1. 信息传递	10	20	24	26	30	35	40
2. 语言使用	08	14	18	20	24	26	30
3. 译文表述	05	14	12	14	16	18	20
4. 综合素质	02	04	06	07	08	09	10

总分：______________

评语：

评卷人：　　　　　　　　　　　日期：

4．杨承淑口译专业考试评分表

受试者姓名：

评鉴项目：视译　一般交替传译　技术交替传译　同声传译　有稿同声传译

语言方向：译为母语　　　　　译为外语

评鉴项目	配分	量化评定	质化评定
一、忠实（Fidelity）50%			
1．是否有理解错误？（含专有名词）	30%	√	以等值为准
2．有无漏译？	10%	√	容许省略
3．有无过度翻译？	10%	√	容许补充说明
二、表达（Delivery）30%			
1．明确度（Expressiveness）20%			
句间衔接、段落结构是否合乎逻辑？	10%		指涉、句间
发音是否正确清晰、语调节奏是否顺畅易懂？	5%		√
肢体语言、声音表情是否配合？	5%		√
2．流畅度（Fluency）10%			
有无中断（两秒以上）或赘音、赘词？	5%	√	
是否重复同一词句？	5%	√	
三、语言（Language）20%			
外语：语法、语意、选词是否正确？ 母语：语用、风格是否适当？		语法、语意、选词	语用、风格
四、时间控制（Time Control）			
1．译入母语时，译文时间≤原文时间？	总分±2	√	
2．译入外语时，译文时间≤原文时间×120%？	总分±2	√	
总计：	100%		

附录十一　深圳职业技术学院口译教学评估体系

深圳职业技术学院的口译教学团队结合本校学生的实际情况，针对形成性考核和终结性考核两种考核形式分别制定了具体的成长档案、口试、小组模拟三个具体的评分标准，如下所示：

表一　成长档案评分表

项目	标准	备注
课堂出勤	满分为 10 分。旷课 1 学时扣 1 分；迟到或早退一次扣 0.5 分。	旷课学时累计超过该课程学时五分之一或缺课超过三分之一者，该课程成绩为零分。
课堂表现	满分为 10 分。认真听讲，积极参与课堂教学各个环节，踊跃回答问题。	任课老师根据每位同学的表现酌情给分。
课外作业	满分为 20 分。按时、独立完成，格式规范，质量有保障。	任课老师对每次的作业进行批改，期末取平均分。
小组模拟	满分为 20 分。准备充分、内容完整、语言规范、配合默契。	任课老师对每次的模拟进行点评给分，期末取平均分。
校外实践	参加校外口译实践加 1 ~ 10 分。	任课老师根据实践项目的级别、次数、鉴定等酌情加分。
技能大赛	参加各级口译大赛加 1 ~ 10 分。	任课老师根据竞赛项目的级别、获奖等级等酌情加分。
资格证书	获得口译资格证书加 1 ~ 10 分。	任课老师根据资格证书的等级酌情加分。

表二　口试评分表

Interpreting Performance											
Elements	**Criteria**	**Grades**									
Faithfulness 40%	Are there any omissions?	10	9	8	7	6	5	4	3	2	1
	Are there any additions?	10	9	8	7	6	5	4	3	2	1
	Are there any changes of message?	10	9	8	7	6	5	4	3	2	1
	Is the voice unpleasant?	10	9	8	7	6	5	4	3	2	1
Smoothness 30%	Are there any excessive repairs?	10	9	8	7	6	5	4	3	2	1
	Are the expressions idiomatic?	10	9	8	7	6	5	4	3	2	1
	Is the speech delivery incoherent?	10	9	8	7	6	5	4	3	2	1
Timeliness 30%	Are there any long pauses?	10	9	8	7	6	5	4	3	2	1
	Are there any exaggerated fillers?	10	9	8	7	6	5	4	3	2	1
	Are there any hesitations?	10	9	8	7	6	5	4	3	2	1
Total Score　100%											

表三 项目模拟评分表

Project Simulation		
Elements	**Criteria**	**Grades**
Content 30%	Is the speech closely related to the topic? Are the terminologies properly used? Is the speech informative enough?	10 9 8 7 6 5 4 3 2 1 10 9 8 7 6 5 4 3 2 1 10 9 8 7 6 5 4 3 2 1
Language 30%	Are the expressions clear and idiomatic? Is the delivery smooth and coherent? Is the voice convincing and pleasant?	10 9 8 7 6 5 4 3 2 1 10 9 8 7 6 5 4 3 2 1 10 9 8 7 6 5 4 3 2 1
Teamwork 20%	Is the work well-prepared and well-organized? Is the cooperation harmonious and tacit?	10 9 8 7 6 5 4 3 2 1 10 9 8 7 6 5 4 3 2 1
Posture 20%	Are the gestures natural and well-conducted? Are the stage properties properly used?	10 9 8 7 6 5 4 3 2 1 10 9 8 7 6 5 4 3 2 1
Total Score 100%		

附录十二 职业资格证书制度暂行办法

第一章 总 则

第一条 根据国务院批准的人事部“三定”方案(国办发〔1994〕60 号)和《关于加强职称改革工作统一管理的通知》(国办发〔1995〕1 号)制定本暂行办法。

第二条 国家按照有利于经济发展、社会公认、国际可比、事关公共利益的原则,在涉及国家、人民生命财产安全的专业技术工作领域,实行专业技术人员职业资格制度。

第三条 专业技术人员职业资格是对从事某一职业所必备的学识、技术和能力的基本要求,职业资格包括从业资格和执业资格。从业资格是政府规定专业技术人员从事某种专业技术性工作的学识、技术和能力的起点标准;执业资格是政府对某些责任较大，社会通用性强，关系公共利益的专业技术工作实行的准入控制，是专业技术人员依法独立开业或独立从事某种专业技术工作学识、技术和能力的必备标准。

第四条　符合本办法第二条规定的专业，由国务院有关业务主管部门提出建立职业资格的申请，经人事部审核标准后，共同拟定具体实施方案并颁布实施。

第二章　从业资格

第五条　从业资格通过学历认定或考试取得。具备下列条件之一者，可确认从业资格：(一)具有本专业中专以上学历，见习一年期满，经单位考核合格者；(二)按国家有关规定已担任本专业初级专业技术职务或通过专业技术资格考试取得初级资格，经单位考核合格者；(三)在本专业岗位工作，经过国家或国家授权部门组织的从业资格考试合格者。

第六条　从业资格确认工作由各省、自治区、直辖市人事(职改)部门会同当地业务主管部门组织实施。

第三章　执业资格

第七条　执业资格通过考试方法取得。参加执业资格考试的报名条件根据不同专业另行规定。

第八条　执业资格考试工作由人事部会同国务院有关业务主管部门按照客观、公正、严格的原则组织进行。

第九条　执业资格考试由国家定期举行。考试实行全国统一大纲、统一命题、统一组织、统一时间，所取得的执业资格经注册后，全国范围有效。

第十条　凡符合规定条件的中华人民共和国公民，均可报名参加执业资格考试。

第十一条　国务院有关业务主管部门负责组织执业资格考试大纲的拟定、培训教材的编写和命题工作，并组织考前培训和对取得执业资格人员的注册管理工作。培训要坚持考培分开、自愿参加的原则，参与考试管理工作的人员不得参与培训工作和参加考试。

第十二条　人事部负责审定考试科目、考试大纲和审定命题；

确定合格标准；会同有关部门组织实施执业资格考试的有关工作。各地人事（职改）部门会同当地有关业务部门负责本地区执业资格考试的考务工作。

第四章　资格证书

第十三条　经职业资格考试合格的人员，由国家授予相应的职业资格证书。

第十四条　职业资格证书是证书持有人专业水平能力的证明。可作为求职、就业的凭证和从事特定专业的法定注册凭证。

第十五条　职业资格证书在中华人民共和国境内有效。

第十六条　职业资格证书分为《从业资格证书》和《执业资格证书》。证书由人事部统一印制，各地人事（职改）部门具体负责核发工作。

第五章　注　册

第十七条　执业资格实行注册登记制度。注册是对专业技术人员执业管理的重要手段。未经注册者，不得使用相应名称和从事有关业务。国务院有关业务主管部门为执业资格的注册管理机构。各省、自治区、直辖市业务主管部门负责审核、注册，并报国务院业务主管部门备案。各省、自治区、直辖市人事（职改）部门负责对注册工作的监督、检查。

第十八条　取得《执业资格证书》者，应在规定的期限内到指定的注册管理机构办理注册登记手续。逾期不办者，执业资格证书及考试成绩不再有效。

第十九条　申请执业资格注册，必须同时具备下列条件：（一）遵纪守法，遵守职业道德；（二）取得《执业资格证书》；（三）身体健康，并能坚持在相应的岗位工作；（四）经所在单位考核合格。再次注册者，应经单位考核合格并取得知识更新、参加业务培训的证明。

第二十条　国务院业务主管部门负责确定必须由取得执业资格的人员充任的关键岗位及工作规范，并负责检查监督关键岗位的执业人员上岗及执业情况，对违反岗位工作规范者要进行处罚。

第二十一条　对已在须由取得执业资格人员充任的关键岗位

工作、但尚未取得《执业资格证书》的人员，要进行强化培训，限期达到要求。对经过培训仍不能取得执业资格者，必须调离关键岗位。

第六章　罚　则

第二十二条　执业资格应考人员、考试工作人员和其他有关人员在考试和考务工作中有违法行为的，将追究其法律责任。

第二十三条　对骗取、转让、涂改职业资格证书的人员，一经发现，发证机关应取消其资格，收回证书，并报国务院业务主管部门和当地同级人事（职改）部门备案。

第二十四条　对伪造职业资格证书者，要依法追究责任。

第七章　附　则

第二十五条　通过国家统一考试取得的专业技术资格，经鉴定认为水平相当，经批准确认，可视为执业资格。

第二十六条　实行执业资格考试的专业不再组织该专业相应层次的专业技术资格评审或考试，并把取得执业资格作为申报高一级专业技术资格评审的必备条件。

第二十七条　执业资格考试、认定、培训、发证、注册等工作费用的收取，必须经当地计划（物价）、财政部门核准。严禁乱收费。

第二十八条　本办法由人事部负责解释。

第二十九条　本办法自发布之日起施行。

图表索引

术语对照

澳大利亚翻译资格认可局(National Accreditation Authority for Translators and Interpreters;NAATI)

巴黎和会(Paris Peace Conference)

巴黎释意学派(The Interpretive School of Translation Theory)

博鳌亚洲论坛(Boao Forum for Asia;BFA)

长时记忆(Long-Term Memory)

传译干扰(Recovery Interference)

达沃斯世界经济论坛(Davos World Economic Forum)

地球村(Global Village)

电视同传(TV SI)

顶岗实习(Practical Work)

动机(Motivation)

短时记忆(Short-Term Memory)

翻译专业资格水平考试(China Accreditation Test for Translators and Interpreters;CATTI)

感觉记忆(Sensory Memory)

广外模式(Guangwai Model)

国际会议口译工作者协会(The International Association of Conference Interpreters;AIIC)

核心产品(Core Product)

交际效果(Communication Effect)

交替传译 (Consecutive Interpreting;CI)

经济省力原则(Principle of Least Effort)

精力分配模式(Efforts Model)

口译能力(Interpreting Competence)
来源语 (Source Language;SL)
来源语信息(Source Language Message;SLM)
联系阶段(Associative Stage)
满足感(Satisfaction)
美国翻译家协会(American Translators Association;ATA)
模糊表达(Fuzzy Expression)
目标语(Target Language;TL)
目标语信息(Target Language Message;TLM)
内部噪音(Internal Noise)
纽伦堡审判(Nuremberg Trials)
欧盟口译司(European Union Joint Interpreting Conference Service;EUJICS)
期待产品(Expected Product)
潜在产品(Potential Product)
切身性(Relevance)
全国国际商务英语认证考试(China National Business English Certificate Testing;CNBECT)
全国外语翻译证书考试(National Accreditation Examinations for Translators and Interpreters;NAETI)
认知阶段(Cognitive Stage)
三角模式(Triangular Model)
市场准入(Market Access)
顺句驱动(Syntactic Linearity)
同传室(SI Booth)
同声传译 (Simultaneous Interpreting;SI)
脱离语言外壳(Deverbalization)
万国邮政联盟(Universal Postal Union;UPU)
物理噪音(Physical Noise)
厦大模式(Xiada Model)
项目实训(Projects Simulation)

信息爆炸(Information Explosion)
信息传播(Information Communication)
信息复原(Information Recovery)
信息密度(Information Density)
信息噪音(Information Noise)
形成性评估(Formative Evaluation)
亚太经济合作组织峰会(APEC Summit)
延伸产品(Extensive Product)
言外预测(Extra-Linguistic Anticipation)
言外知识(Extra-Linguistic Knowledge)
意群(Sense Group)
有效预测(Effective Anticipation)
有形产品(Tangible Product)
语言预测(Linguistic Anticipation)
语义噪音(Semantic Noise)
诊断性评估(Diagnostic Evaluation)
职业训导(Professional Training)
中国标准化协会(China Association for Standardization;CAS)
中国翻译协会(Translators Association of China;TAC)
注意力(Attention)
自动化阶段(Autonomous Stage)
自我保护原则(Law of Self-protection)
自信心(Confidence)
总结性评估(Summative Evaluation)

参考文献

Baker, Mona. In Other Words: A Course Book on Translation [M]. Foreign Language Teaching and Research Press, 2000.

Bell, Roger T. Translation and Translating: Theory and Practice [M]. Foreign Language Teaching and Research Press,2001.

Bertone, Laura E. The Hidden Side of Babel: Unveiling Cognition, Intelligence and Sense through Simultaneous Interpreting [M]. Foreign Language Teaching and Research Press, 2008.

Channell, Jonna. Vague Language [M]. Shanghai Foreign Language Education Press, 2000.

Chernov, Ghelly V. Inference and Anticipation in Simultaneous Interpreting [M]. Shanghai Foreign Language Education Press, 2011.

Dominick, Joseph R. The Dynamics of Mass Communication [M]. China People's University Press, 2003.

Diriker, Ebru. De-/Re-Contextualizing Conference Interpreting [M]. Shanghai Foreign Language Education Press, 2009.

Garzone, Giuliana. Quality and norms in interpretation [A]. In Garzone, Giuliana. (eds.), Interpreting in the 21st Century [C]. Amsterdam/Philadelphia: John Benjamins Publishing Company, 2002.

Gile, Daniel. Basic Concepts and Models for Interpreter and Translator Training [M]. Shanghai Foreign Language Education Press, 2011.

Jones, Roderick. Conference Interpreting Explained [M]. Manchester: St. Jerome Publishing, 1998.

Kirchhoff, Hella. Simultaneous interpreting—interdependence of variables in the interpreting process, interpreting models and interpreting strategies [A]. In Pŏchhacker, Franz. (eds.), The Interpreting Studies Reader [C]. London/New York: Routledge, 2002.

Pŏchhacker, Franz. Introducing Interpreting Studies [M]. Shanghai Foreign Language Education Press, 2009.

Kurz, Ingrid. Conference interpretation—expectations of different user groups [A]. In Pŏchhacker, Franz. (eds.), The Interpreting Studies Reader [C]. London/New York: Routledge, 2002.

Littlejoin, Stephen W. Theories of Human Communication [M]. Tsinghua University Press, 2003.

Miller, George A. Language and Communication [M]. McGraw Hill Book Company, Inc., 1951.

Nida, Eugene A. Language, Culture and Translating [M]. Shanghai Foreign Language Education Press, 1993.

Nida, Eugene A. Toward a Science of Translation [M]. Shanghai Foreign Language Education Press, 2004.

Nolan, James. Interpretation: Techniques and Exercises [M]. Shanghai Foreign Language Education Press, 2008.

Phelan, Mary. The Interpreter's Resource [M]. Shanghai Foreign Language Education Press, 2008.

Samovar, Larry A. Communication between Cultures [M]. Foreign Language Teaching and Research Press, 2000.

Sawyer, David B. Fundamental Aspects of Interpreter Education: Curriculum and Assessment [M]. Shanghai Foreign Language Education Press, 2011.

Schjoldager, Anne. Assessment of simultaneous interpreting [A]. In Dollerup, Cay. (eds.), Teaching Translation and Interpreting [C]. Amsterdam/Philadelphia: John Benjamins Publishing Company, 1995.

Setton, Robin. Simultaneous Interpretation—A Cognitive-Pragmatic Analysis [M]. Amsterdam/Philadelphia: John Benjamins Publishing

Company, 1999.

Severin, Werner J. Communication Theories—Origins, Methods, Uses [M]. New York: Longman Inc., 1988.

Shlesinger, Miriam. Quality in simultaneous interpreting [A]. In Gambier, Yves. (eds.), Conference Interpreting: Current Trends in Research [C]. Amsterdam/Philadelphia: John Benjamins Publishing Company, 1997.

鲍刚. 口译理论概述[M]. 北京:中国对外翻译出版公司,2005.

鲍川运. 口译的职业化[J]. 中国翻译, 2007(1).

波赫哈克. 口译研究概论[M]. 北京:外语教学与研究出版社, 2013.

蔡小红. 口译课效果评估初探[J]. 现代外语, 1992(2).

蔡小红. 口译评估[M]. 北京:中国对外翻译出版公司,2007.

蔡小红. 口译研究新探——新方法、新观念、新趋势[C]. 香港:开益出版社, 2002.

蔡小红. 论口译教学训练评估[J]. 中国翻译, 2005(6).

蔡小红. 论口译质量评估的信息单位[J]. 外国语, 2003(5).

蔡小红等. 口译质量评估研究的历史回顾[J]. 中国翻译,2004(3).

蔡小红等. 论口译的质量与效果评估[J]. 外语与外语教学,2003(3).

曹钦琦等. 动机理论对大学英语课堂任务设计的启示[J]. 钦州学院学报, 2008(2).

陈菁. 从 Bachman 交际法语言测试理论模式看口译测试中的重要因素[J]. 中国翻译, 2002(1).

陈爽等. 欧亚五国职业资格证书制度及对我们的启示[J]. 职业技术教育,2001(24).

杜文萍. 顺句驱动:缓解同传短时记忆负担的有效途径[J]. 考试周刊, 2007(14).

菲利普·科特勒等. 市场营销原理[M]. 北京:机械工业出版社, 2010.

付俭. 实行职业资格证书制度,促进学生学习积极性[J]. 安顺师专学报,2002(2).
甘布尔等. 有效传播(第7版)[M]. 北京:清华大学出版社,2005.
郭兰英. 口译与口译人才培养研究[M]. 北京:科学出版社,2007.
国家职业分类大典和职业资格工作委员会. 中华人民共和国职业分类大典(2007增补本)[M]. 北京:中国劳动社会保障出版社,2008
何自然. 语用学与英语学习[M]. 上海:上海外语教育出版社,1997.
胡刚等. 新世纪英汉同声传译[M]. 武汉:武汉大学出版社,2006.
黄敏. 谈口译资格认证考试的规范化设计[J]. 中国翻译,2005(6).
黄日强等. 英国国家职业资格证书制度在我国的引进[J]. 中国职业技术教育,2004(24).
贾欣岚等. 谈翻译资格考试[J]. 中国科技翻译,2004(3).
姜大源. 德国职业教育学习领域的课程方案研究[J]. 中国职业技术教育,2007(1).
姜大源. 学习领域-工作过程导向的课程模式[J]. 职教论坛,2004(8).
蒋晓旭等. 完善中国职业资格认证与管理制度的思考[J]. 中国高教研究,2006(02).
雷天放等. 口译教程[M]. 上海:上海外语教育出版社,2006.
黎难秋. 中国口译史[M]. 青岛:青岛出版社,2002.
李建斌. 对我国职业资格认证制度的新思考[J]. 职业教育研究,2007(2).
李敏谊等. 国家职业资格证书制度的国际比较[J]. 大学(学术版),2010(9).
连叔能. 英汉对比研究[M]. 北京:高等教育出版社,1993.
刘和平. 口译技巧[M]. 北京:中国对外翻译出版公司,2001.

刘和平. 口译理论与教学[M]. 北京:中国对外翻译出版公司, 2005.

刘宓庆. 口笔译理论研究[M]. 北京:中国对外翻译出版公司, 2004.

刘建珠. 口译人才培养的3P模式研究[J]. 外语与外语教学, 2012(8).

刘建珠. 多元化口译质量评估体系的探索与实践[J]. 深圳职业技术学院学报, 2008(9).

刘建珠. 基于ARCS动机模型的口译教学设计[J]. 职业教育研究, 2012(6).

刘建珠. 高职外语专业学生口译学习动机的激发与保持[J]. 空中英语教室, 2010(10).

刘建珠. 基于工学结合的口译人才培养模式研究[J]. 职业教育研究, 2009(11).

刘建珠. 工作过程和学习领域导向的口译课程设计[J]. 课程教育研究, 2012(2).

刘建珠. 口译过程研究与"3P"口译教学模式[J]. 大学英语(学术版), 2006(9).

刘建珠. 商务口译[M]. 武汉:武汉大学出版社, 2010.

刘建珠. 口译技能训练教程[M]. 武汉:武汉大学出版社, 2012.

刘彦文. 职业的含义、特点及发展趋势文[J]. 职业, 2008(31).

卢信朝. 英汉口译技能教程[M]. 北京:旅游教育出版社, 2009.

吕杰等. 传播学导论[M]. 北京:科学出版社, 2007.

马良诚. 动机与人格[M]. 西安:陕西师范大学出版社, 2010.

梅德明. 高级口译教程[M]. 上海:上海外语教育出版社, 2000.

梅德明. 英语口译教程[M]. 北京:高等教育出版社, 2003.

慕媛媛等. 专业化道路:中国口译发展的新趋势——兼评国际口译大会暨第五届全国口译实践、教学与研究会议[J]. 中国翻译, 2005(3).

朴明吉. 浅谈国家职业资格认证制度实施的必要性[J]. 成人教育, 2008(8).

邵璐. 论翻译的模糊法则[J]. 外国语, 2008(5).
邵培仁. 传播学[M]. 北京:高等教育出版社, 2002.
孙小丽. 我国职业资格认证制度的问题、对策与趋势[J]. 职业教育研究, 2007(10).
谭云杰. 外语学习的证书动机及相应的教学策略[J]. 湖南医科大学学报, 2001(4).
唐利红. 口译职业化视角下的口译资格认证[J]. 科技创新导报, 2009(7).
滕勇. 西方发达国家职业资格证书制度及其特点[J]. 西安航空技术高等专科学校学报, 2007(05).
王斌华. 口译:理论技巧实践[M]. 武汉:武汉大学出版社, 2006.
王斌华. 口译规范的描写研究[M]. 北京:外语教学与研究出版社, 2013.
王恩冕. 口译在中国调查报告[J]. 中国翻译, 2005(2).
王立弟. 翻译资格考试与翻译培训[J]. 中国翻译, 2003(6).
韦尔德伯尔等. 传播[M]. 北京:中国人民大学出版社, 2008.
维纳等. 控制论[M]. 北京:北京大学出版社, 2007.
吴文梅. 交替传译短时记忆训练模式 APEC Model 构建及应用[D]. 广东外语外贸大学, 2011.
肖晓燕. 英语口译资格证书考试 1—4 级模拟题集锦[M]. 厦门:鹭江出版社, 2003.
徐小贞. 中国高职英语专业教育理论研究[M]. 北京:外语教学与研究出版社, 2006.
许静. 传播学概论[M]. 北京:清华大学出版社, 2005.
杨承淑. 口译教学研究:理论与实践[M]. 北京:中国对外翻译出版公司, 2005.
杨文明. 高职项目教学理论与行动研究[M]. 北京:科学出版社, 2008.
杨延. 澳大利亚职业资格认证体系及其启示[J]. 天津职业院校联合学报, 2006(5).
曾传生. 英语同声传译[M]. 北京:对外经济贸易大学出版社,

2009.
张宏. 论国家职业资格证书教育制度的完善[J]. 教育与职业, 2007(7).
张吉良. 巴黎释意学派口译理论研究[M]. 上海:上海外语教育出版社, 2010.
张明德. 对国家职业资格证书制度的再认识[J]. 中国培训, 2004(11).
张乔. 模糊语言学论集[M]. 大连:大连出版社,1998.
张威. 英汉同声传译"顺句驱动"操作的理据透析[J]. 广东外语外贸大学学报,2006(4).
张维为. 英汉同声传译(修订版)[M]. 上海:上海外语教育出版社, 2011.
张祖忻. 如何将动机原理整合于教学设计过程[J]. 开放教育研究,2003(2).
赵军峰. 商务英语口译[M]. 北京:高等教育出版社,2003.
中国国家标准化管理委员会等. 翻译服务规范(第2部分:口译)[M]. 北京:中国标准出版社, 2006.
仲伟合. 口译课程设置与口译教学原则[J]. 中国翻译,2007(1).
仲伟合. 英语口译教程[M]. 北京:高等教育出版社,2006.
仲伟合等. 口译研究方法论[M]. 北京:外语教学与研究出版社, 2012.
仲伟合等. 同声传译[M]. 北京:外语教学与研究出版社, 2009.
周国军. 借鉴国外先进经验构建我国职业资格认证体系[J]. 十堰职业技术学院学报, 2007(10).

后 记

刘建珠老师与我相识、相知、相惜、相伴与相助的岁月可谓久远。

还记得1996年的初秋，在赣南师范学院的柚子林，刘老师在英语角演讲。那时，刘老师刚刚大学毕业，留校任教。他流畅的口语、淡然的举止、幽默的语言给我留下深刻的印象。后来，刘老师担任我班的听力老师。我们全班同学都很喜欢他，也很欣赏他的才华。我们相识，那时我们是师生。

还记得2003年的9月，在厦门大学的芙蓉湖畔，刘老师与我一同游览厦大的美丽校园。他比我早一年考入厦门大学研究生。他的口译专业让我羡慕不已。加上他同一研究方向的师弟、宿舍在我斜对门的苏伟、尚小奇的感染，从此我对口译研究产生了浓厚的兴趣。我们相知，那时我们是校友。

还记得2008年的春天，在广东外语外贸大学的校园里，刘老师前来参加第七届全国口译大会暨国际研讨会。此时，我也恰好来到广东外语外贸大学攻读翻译硕士（口译）。我们共同漫步在白云山下的广外校园里，呼吸着纯洁的空气，浸润在纯粹的学术氛围里。我们相惜，那时我们是同行。

还记得刘老师赠予我的《商务现场口译》上的题词"这个世界永远属于有梦的人"。为了讨论口译教学与研究，我多次从珠海去深圳讨教并住在刘老师家里。他也多次从深圳来珠海出差。北师大和北理工的珠海校区留下了我们对口译研究的同一梦想。我们相伴，那时我们已是知己。

2008年攻读广外口译硕士以来，在刘老师的引领和鼓励下，我对口译与认知心理学及心理语言学的跨学科研究仍然激情不灭，执着于口译过程认知心理描写研究，提出了口译记忆训练 APEC 模型。期间，总能得到刘老师富有创见的启发以及给予我学术上、心理上与生活上的支持、鼓励与关心。

刘老师是一个勤奋且多产的学者。自 2005 年入职深圳职业技术学院以来，几乎年年都有跟口译有关的教材、论文或专著出版、发表，在口译教学和口译研究领域取得了丰硕的成果。特别值得一提的是，在工学结合职业教育理念的指导下，刘老师以口译的工作过程与学习领域为导向，总结出了源于实践和用于实践的“3P”口译系列训练模式。“3P 模式”与“吉尔模式”、“厦大模式”和“广外模式”一脉相承，是对它们的继承、发展与丰富。

欣悉今年是深圳职业技术学院建校 20 周年。刘老师的专著《同声传译研究概论》刚好完成。我有幸成为该书的第一个读者。我相信，该书的出版不仅是献给深圳职业技术学院的贺礼，也是献给中国口译研究领域的贺礼。该书用通俗易懂的文字，从职业定位、工作过程、问题诱因、应对策略、人才培养、职业认证六个方面系统地描述了复杂的同声传译，提出了许多独到的见解。

在《同声传译研究概论》出版之际，祝愿刘老师在学术上取得更大成绩。

吴文梅

2013 年 5 月于

北京理工大学珠海学院